No hay cosas sin interés

PALABRA

© Pablo Gutiérrez Carreras (ed.), 2024
© Ediciones Palabra, S.A., 2024
  Paseo de la Castellana, 210 – 28046 MADRID (España)
  Telf.: (34) 91 350 77 20 – (34) 91 350 77 39
  www.palabra.es
  palabra@palabra.es

Diseño de portada: Equipo editorial
ISBN: 978-84-1368-377-5
Depósito legal: M-13.214-2024
Impresión: Gohegraf, S.L.
Printed in Spain – Impreso en España

G.K. CHESTERTON

No hay cosas sin interés

dBolsillo

– ÍNDICE –

Introducción

150 ANIVERSARIO DEL NACIMIENTO DE G.K. CHESTERTON

Celebrar los cumpleaños es algo más místico de lo que pudiera pensarse. Chesterton reprochaba a Bernard Shaw que este último no lo celebrara nunca. Ir tan en contra del instinto popular derivaba de una actitud poco natural, y propia, en cambio, de una filosofía demasiado elaborada, pasada de rosca, que ha dejado de atender a los datos de la realidad que nos rodea. Un «racionalismo» abstracto que desemboca en actitudes inhumanas o antihumanas por carecer de la sensibilidad de lo verdaderamente humano.

Porque era un error creer que el día del cumpleaños era un día como los demás; la perspectiva adecuada para contemplar el fenómeno del cumpleaños no es, evidentemente, esa. Los cumpleaños nos recuerdan que estamos vivos y que podíamos no estarlo; que celebramos «algo», cuando, en lugar de «algo», podría haber «nada». Y esto es, en sí, lo místico, lo misterioso, lo prodigioso. El mundo que nos rodea, el cosmos, y las cosas más pequeñas como el césped o la cerveza son cosa mística, como diría Chesterton. Pero «místico», para un inglés de principios del siglo XX, no es lo mismo que «místico» para un lector español del siglo XXI. Para nosotros, la mística tiene que ver con una iluminación especial de Dios solo a determinadas almas muy escogidas; una iluminación que no puede adquirirse mediante el esfuerzo personal, sino que solo se puede recibir, inesperada e inmerecidamente. Pero a lo que Chesterton se refería cuando aludía al «misticismo», o a su propia «teoría mística», era algo distinto. En la lengua inglesa, místico tiene que ver con algo que está oculto, que esconde un misterio. Algo que nosotros podríamos encontrar más cercano a nuestro concepto de «sacramentalidad». Pero tampoco este término es muy satisfactorio. Sacramental, para el hombre cristiano común, tiene que ver con los sacramentos de la Iglesia católica; y esa es, solamente, una acepción restringida de lo sacramental. La sacramentalidad puede ser, en un sentido más amplio, un modo de conocer la realidad, perteneciente al ámbito de lo simbólico. Sacramentalidad es ver, como diría Benedicto XVI, comprender que «las cosas son más que cosas (...), las cosas le dan más [al hombre] de lo que ellas tienen y son; (...) signo de lo divino y de lo eterno; sacramento es (...) esta experiencia de que Dios encuentra al hombre al modo humano». Lo sacramental no anida en lo espiritual, sino en puntos nodales de la existencia humana, anida en la carne, y en ella, la hace transparente a lo divino y a lo eterno. El tiempo es también una realidad sacramental.

Y este libro surge, precisamente, para conmemorar los años. Ciento cincuenta años del nacimiento de G.K. Chesterton. Y conmemoramos su cumpleaños porque su pensamiento está muy vivo. En esta recopilación ofrecemos una serie de textos procedentes de diversas obras de Chesterton: *Los libros y la locura* (El Buey Mudo, 2010), selección de artículos periodísticos escritos entre 1901 y 1911, pero publicados póstumamente en 1958; *La utopía capitalista y otros ensayos* (Palabra, 2013), publicado originalmente en 1917; *Los límites de la cordura* (El Buey Mudo, 2016), publicado en 1927; *¿Por qué soy católico?* (El Buey Mudo, 2011), grueso volumen que recoge íntegros cinco libros escritos entre 1922 y 1936; *La Nueva Jerusalén* (Ediciones More, 2018), libro de viajes publicado en 1920, y *Para ser buen* *periodista* (CEU Ediciones, 2021), recopilación de artículos publicados entre 1906 y 1925.

Los textos que presentamos son valiosos y definitivos por sí mismos, pero también son la puerta de entrada a una lectura más profunda y extensa. Puede sonar a tópico que una selección de textos es muy difícil, porque la selección es opción y la opción es rechazo, dejar de lado, cortar; cortar no es sino limitar, y limitar era, para Chesterton, la esencia de todo arte. Toda pintura o escultura consiste en trazar en algún lado —pero no en cualquier lado— una línea, que separa y que da forma, que hace posible contemplar una obra. Así que necesariamente hemos cortado, limitado y separado, pero con la intención de que este libro sirva de puerta de entrada a las lecturas más completas de las obras citadas.

A Chesterton hay que darle un voto de confianza. Su lectura no es fácil, su modo de razonar, aunque lógicamente impecable, está revestido de imágenes y comparaciones que pueden hacernos perder el hilo que en la mente de su autor estaba siempre claro; su modo de razonar es lógico, alejado, por tanto, del modo del hombre contemporáneo, que vive más de imágenes y de lemas, de ideas fuerza; Chesterton es consciente de que las ideas tienen consecuencias, y que casi siempre, tarde o temprano, las consecuencias alcanzan toda su fuerza; o dicho de otro modo, que si no se las detiene a tiempo, las ideas equivocadas acaban devastando todo a su paso. El hombre de hoy, emotivo y sentimental, poco racional, pero muy utilitario y funcional, encuentra extraños algunos de sus razonamientos. Pero, al fin y al cabo, Chesterton toca los temas más centrales de la existencia humana. Puede que haya adherencias de la época en que escribió, como cuando describe la necesidad de una mayor relevancia social y nacional de los campesinos y labriegos. Todo nos podría sonar lejano, arcaico, distante, pero ¿quién ignora hoy que en Europa han vuelto a sonar con fuerza los agricultores, a los que la burocracia asfixia continuamente y a los que la ideología ecologista impone unas limitaciones que son una condena en toda regla? Chesterton reflexiona sobre su conversión y su camino particular, pero también sobre las peculiaridades y la riqueza siempre fértil de la doctrina de la Iglesia; reflexiona con vigor sobre los peligros del capitalismo y de la burocracia socialista, sobre la despersonalización, la muerte de la creatividad de las personas inermes ante la avalancha de imágenes publicitarias... Escribiendo cien años antes, está perfectamente descrito el efecto devastador de las pantallas que ya está instalado en nuestra sociedad.

Por eso Chesterton merece una oportunidad, un voto de confianza. Sus párrafos largos (más de uno ha sido podado inmisericordemente en esta selección) suelen concluir con una joya, una perla o una semilla. Invitamos al lector a no quedarse solo con esta última y a leer, en toda su profundidad, lo más que puedan de Chesterton. No quedarán defraudados.

Pablo Gutiérrez Carreras (Ed)

I

Estos vaivenes son siempre característicos de los movimientos modernos, pero no sucede exactamente lo mismo en el caso de los hombres. Y si hay algo cierto, es que la Iglesia se interesa mucho más por los hombres que por los movimientos. El hombre más despreciable es inmortal, el más arrollador movimiento, tan solo una realidad temporal, por no decir provisional. Pero aun en el sentido más temporal y en el plano más social, subsiste una diferencia de fondo. En el lapso de un siglo, las herejías pueden sucederse con gran rapidez, no así en la vida del hereje y menos aún en la del heresiarca, salvo que sea un irresponsable y un redomado imbécil. Y rara vez los grandes heresiarcas son tan imbéciles. Por lo general, el gran heresiarca se conforma con la gran herejía que ha creado, aunque su propio hijo se dedique a desestimarla. El nuevo cielo y la nueva tierra son lo suficientemente novedosos como para durar una vida entera: el Universo no se destruirá antes de veinte o treinta años. En todo caso, el fabricante del Universo nunca reconocerá que fue destruido. En suma, mientras que las caprichosas filosofías, consideradas en el contexto amplio de la historia, son sorprendentemente volubles, los individuos caprichosos no solo no lo son, sino que resulta que son todo lo contrario: inamovibles. Apuestan su vida entera a una teoría, casi puede decirse que a una sola idea. El caprichoso es fiel a su capricho. Después de todo, sabe que fue el primero en cultivarlo, y probablemente también que será el último.

II

Los decadentes decían, en sustancia, que todo era malvado salvo la belleza. Algunos incluso parecían estar diciendo que todo era malvado salvo el mal. Ahora bien, mi primera reacción espontánea consistió en decir que descomponerse era efectivamente una pura podredumbre, pero aproveché para ir formándome al respecto una especie de filosofía rudimentaria, basada en el principio primordial de que, con todo, el solo hecho de existir es un privilegio invaluable y maravilloso (...). En suma, pensaba entonces, como sigo pensando hoy, que el solo hecho de existir por un breve instante y poder ver la blanca luz del día proyectada en un muro gris, debiera bastar para refutar el pesimismo de aquella época. Pero mi actitud nació esencialmente de mi rebeldía contra aquella atmósfera de pesimismo, y como buen rebelde, era reaccionario; es decir, que en lo esencial me limitaba a reaccionar contra algo (...). Si otra pasión intelectual he cultivado, paralela a la repugnancia que me inspira el pesimismo de moda, esa ha sido mi aversión hacia la plutocracia, también tan de moda. Así como a la sazón solo pude expresar mi primera pasión diciendo que era optimista, solo fui capaz de manifestar la otra declarándome socialista. Pero la verdad es que aquella fantasiosa idea que se plasmaba en mi filosofía del asombro y la gratitud podía igualmente servir no solo para hacer añicos cualquier forma de socialismo, sino incluso la más tímida aspiración a la reforma social. El optimismo del asombro fácilmente podía convertirse en el arma de todas las tiranías, usuras y violentas corrupciones que jamás hayan oprimido a los pobres: bastaba para ello con que el tirano de turno decretara que la gente debía estarle agradecida por el solo hecho de no haberle quitado la vida (...). En una palabra, el asombro, la humildad y la gratitud son cosas buenas, pero no son las únicas cosas buenas, y algo habría que hacer para que el poeta que las ensalza reconozca que la justicia, la piedad y la dignidad humana también son cosas buenas (…). He dicho que hay dos vías que puede seguir el joven especialista en verdades incompletas. He dado de él un ejemplo personal y esbozado para él un posible final atroz. La otra vía consiste en llevar consigo la propia verdad incompleta a la cultura de la Iglesia católica, que es una verdadera cultura donde podrá ser cultivada. Esa cultura es un auténtico jardín, mientras que el estruendoso mundo exterior no es hoy menos un desierto por el hecho de ser un desierto clamoroso. Es decir, tiene la posibilidad de llevar su idea a un lugar donde será valorada por lo que de verdadero contenga, donde recibirá el aporte de otras verdades y a menudo el sostén de argumentos mejores que los suyos.

III

El católico casi nunca queda impresionado con el cuadro del catolicismo que pintan los protestantes, pero a veces sí le impresiona el que pintan los propios católicos (y ello es una buena razón para no cargar las tintas más de lo debido con los aspectos más arduos o desconcertantes del problema). Por el bien del converso, convendría asimismo recordar que una sola palabra necia dicha en casa es mucho más nociva que millares de palabras insensatas oídas en la calle. Sobre estas ha aprendido a estar sobre aviso, y son como el granizo o la lluvia cayendo ciegamente sobre el techo del Arca de Noé. En cambio, las voces que salen del interior, aun las más informales o casuales, está predispuesto a considerarlas sagradas o más que humanas, y aunque sea injusto esperar algo así de personas que solo profesan la condición de seres humanos, hay que insistir en que los católicos deberían recordar. Son muchos los conversos que llegan a un punto donde nada de lo que pueda decir un protestante o un infiel hace mella en su determinación. Pero una sola palabra dicha por un católico puede bastar para apartarlo del catolicismo (...).

Es completamente falso, según mi experiencia, que los jesuitas o cualquier otro sacerdote romano se dediquen al proselitismo acosando y persiguiendo a la gente. No tienen la más mínima idea de cómo suceden las cosas realmente quienes ignoran que, en ese largo y oscuro e impreciso periodo, es el hombre quien se persigue a sí mismo. La aparente inacción del sacerdote puede compararse con la quietud estatuaria del pescador, una actitud, por otra parte, que no deja de ser natural, tratándose precisamente de un pescador de hombres. Pero rara vez se mostrará impaciente o presuroso, y la persona situada al otro extremo estará lo bastante sola para darse cuenta de que lo que tira de su libertad no es algo meramente exterior. Es posible que los seglares actúen menos sensatamente. En la mayoría de las congregaciones, el lego suele tomarse las cosas mucho más en serio de lo que sería aconsejable para su salud, en todo caso, mucho más que los sacerdotes ordenados. En mi experiencia, el aficionado generalmente es mucho más exaltado que el profesional, y si se muestra irritado por lo lento del proceso de conversión o las contradicciones que aparecen en ese estadio intermedio, puede hacer mucho daño, aunque no lo pretenda en absoluto. En mi propio caso, recuerdo que siempre padecí un ligero revés cada vez que algún irresponsable intervenía para instarme a avanzar (...).

No tengo nada en contra del proselitismo de los seglares, puesto que nunca comprendí, incluso cuando era prácticamente un infiel, por qué un hombre no puede tener derecho a propugnar sus propias opiniones o bien esta en lugar de aquellas opiniones (...).

Por experiencia sé que el converso por lo general atraviesa tres estadios o estados mentales. En el primero se imagina que ha conseguido distanciarse, incluso que ha llegado a ser totalmente indiferente, más en el sentido antiguo de la palabra, como cuando en el breviario se dice de los jueces que han de administrar justicia acorde a la verdad e indiferentemente.

Algún modernillo impertinente podría observar que nuestros jueces, en efecto, administran justicia con mucha indiferencia. Pero el caso es que el sentido antiguo era legítimo y aun lógico, y es el que conviene a este caso. La primera fase es la del joven filósofo que piensa que debería ser justo con la Iglesia romana. Aspira a ser justo con ella, pero básicamente porque sabe que es tratada de forma injusta; (...) una fase en la que [yo] solo aspiraba a defender a los papistas de calumnias y opresiones, pero no (o al menos no conscientemente) porque pensara que fueran los dueños de una verdad especial, sino porque veía que tenían que soportar un extraordinario cúmulo de falsedades.

La segunda fase es aquella en la que el converso empieza a ser consciente no ya solo de las falsedades, sino de la verdad. Se siente entusiasmado al descubrir que esa verdad es mucho más rica de lo que sospechaba. Más que de una fase, se trata de un avance, y en ella se suele avanzar con mucha rapidez y por bastante tiempo. Se descubre que la filosofía católica contiene una cantidad realmente importante de ideas interesantes y brillantes, que la mayoría son atractivas de entrada y que aun las que no queremos aceptar tienen siempre algo que podría llevarnos a querer hacerlo. Este proceso, que podría definirse como el descubrimiento de la Iglesia católica, es quizá el más placentero y menos complicado de una conversión, en todo caso, es más ameno que formar parte de la Iglesia y mucho más que tratar de vivir católicamente. Es como ir descubriendo un nuevo continente lleno de flores exóticas y animales fantásticos, un mundo a la vez salvaje y acogedor. Intentar algo parecido a una descripción exhaustiva de este proceso sería lo mismo que analizar a fondo cerca de medio centenar de ideas e instituciones católicas (…).

El tercer estadio es quizá el más auténtico, también el más terrible. Porque en él lo que se quiere es no ser convertido (…). La verdad es un imán, con todos sus poderes de atracción y repulsión (…). Basta con dejar de hacer fuerza contra ella para sentir el tirón, basta con dejar de gritarle que se calle para comenzar a oír lo que dice con placer. Y basta con empezar a ser justo para encariñarse con ella. Pero cuando este sentimiento rebasa ciertas cotas, adquiere la grandeza trágica y amenazadora de las grandes historias de amor. Se tiene entonces la impresión de haber contraído un compromiso o una obligación, hasta cierto punto de haber caído en una trampa, aunque una trampa feliz. Pero durante mucho tiempo es imposible sentirse feliz, sencillamente se experimenta pavor. Quizá esta experiencia psicológica auténtica haya podido ser mal interpretada por personas más torpes, lo que explicaría por qué lo que ha quedado de la leyenda es que el catolicismo no es más que una trampa. Una leyenda que pasa por alto la relevancia de la experiencia psicológica. El Papa no tiende ninguna trampa, ni los curas ponen ningún cebo. Lo relevante es que la trampa sencillamente es la verdad, y que es el hombre solo quien ha dirigido sus pasos hacia la trampa de la verdad, y no que la trampa ha estado persiguiéndolo. Todos y cada uno de esos pasos —con excepción del último— los ha dado con premura y sin ayuda de nadie, solo interesado en alcanzar la verdad. Y si el último que ha de dar, si la última etapa de su recorrido le produce tanta zozobra, es porque resulta tan rotundamente verdadero. Si se me permite volver a evocar una experiencia personal, diré que nunca me sentí menos abrumado por la duda que en esa última fase, cuando me rondaban todos los temores. Hasta ese último plazo había guardado mis distancias y me había mostrado abierto al examen desinteresado de todas las doctrinas, pero en cuanto se hubo cumplido, experimenté todo tipo de cambios, aun simplemente de humor. Desde entonces, me parece que simpatizo mucho más que antes con las dudas y dificultades. Pero un poco antes no las tenía, solo tenía miedo.

IV

Alguna vez me he preguntado, a medias entre la meditación melancólica y la broma: «¿Adónde iría ahora, si dejara la Iglesia católica?». Y sé a ciencia cierta que no iría a ninguna de esas pequeñas sectas sociales que solo son capaces de manifestar una sola idea, y únicamente porque esa idea está de moda en ese momento. En el mejor de los casos, podría aspirar a perderme en la naturaleza, en medio de un bosque, y a convertirme, no en un panteísta (lo que también es limitado y aburrido), sino más bien en un pagano, dispuesto a gritar que aquella cima de la montaña o este árbol en flor es sagrado y hemos de adorarlo. Al menos eso supondría volver a empezar por completo. Pero a la postre acabaría volviendo a enfrentarme al mismo problema. Porque si alguna vez fue razonable adorar un árbol, no es insensato adorar un crucifijo, y si podemos ver a Dios en la cima de una montaña, ¿por qué no vamos a verlo debajo de un campanario? Descubrir una nueva religión tarde o temprano nos lleva a comprender que hemos descubierto la religión. ¿Y por qué iba a sentirme insatisfecho con la que he descubierto? Máxime, como ya señalé al comienzo de este ensayo, cuando resulta ser la única religión antigua capaz de parecer siempre nueva.

Sé perfectamente que, si me decidiera a emprender ese viaje, acabaría desesperado o regresando, y que ningún árbol podrá reemplazar al único árbol sagrado. El paganismo es preferible al panteísmo porque es libre de imaginar divinidades, mientras que el panteísmo se ve obligado a fingir, pedantemente, que todas las cosas son igualmente divinas.

V

En este asunto tengo que confesar que estoy tan chapado a la antigua como para sentir algo parecido a una pizca de sentido del honor. Debo decir que soy persona sociable y de fácil convivencia con mis semejantes. No tengo mucha predisposición a la discusión o la pelea; y valoro el hecho de que, por lo general, he mantenido unas relaciones cordiales con quienes discrepan conmigo en alguna cuestión. Siento un gran cariño por Inglaterra tal y como es, al margen de lo que fue o debiera ser. Tengo un buen número de aficiones populares, desde las novelas de detectives hasta la defensa de las tabernas. He estado del lado de la mayoría en muchas ocasiones, como cuando, por ejemplo, apoyé la propaganda del patriotismo inglés durante la Gran Guerra. Incluso podría ganarme con esas tendencias la aceptación popular. Y, en un sentido más práctico, disfrutaría solo con escribir novelas de detectives y leerlas. Nada más. Pero si en esta vida tan afortunada y relajada que tengo, me encuentro con que mis correligionarios están recibiendo una lluvia de insultos por afirmar que su religión es la verdadera, me enfermaría no ponerme de su lado. Aunque muchos de ellos hayan tenido una vida muy dura y yo la haya tenido muy cómoda, para mí no supone un privilegio ser el blanco de semejantes métodos tan controvertidos.

VI

Lo que queremos no es una religión que nos dé la razón cuando acertamos, lo que queremos es una religión que acierte cuando nos hemos equivocado.

VII

Puede parecer paradójico decir que la verdad nos enseña más cuando nos habla en un lenguaje que rechazamos que con palabras que estamos acostumbrados a recibir. Sin embargo, esa paradoja contiene una parábola de las más sencillas y familiares, que puede ilustrarse con un sinfín de ejemplos. Si se nos dice que procuremos evitar los pubs, pensaremos que quien nos da este consejo quizá sea un tipo bienintencionado, pero a fin de cuentas un pesado. Si se nos recomienda que frecuentemos los pubs, tal vez nos parezca un consejo preñado de una ética superior e inspirado por ideales elevados, aunque quizá también un consejo demasiado simple y evidente para que sea necesario propugnarlo. Pero si lo que se nos recomienda es que en ningún caso vayamos al pub llamado *The Pig and Whistle*, que se encuentra a mano izquierda según se da la vuelta al estanque, esto nos parecerá excesivamente dogmático y arbitrario y claramente falto de argumentos. Ahora bien, si lo primero que hacemos es ir al *Pig and Whistle* y allí intentan matarnos poniendo veneno en la ginebra o asfixiarnos con un edredón para robarnos el dinero, no podremos sino reconocer que la persona que nos dio aquel consejo sabía lo que sucedía en aquel pub y poseía un conocimiento especializado y científico de los pubs de la zona. Más convencidos de que ello es así estaremos si, al conseguir huir medio muertos del *Pig and Whistle*, recordamos que inicialmente desatendimos ese consejo por considerarlo una estúpida superstición. La advertencia es casi más impresionante si su justificación no depende de argumentos y razones, sino de efectos y resultados. Siempre es muy notable aquello que, además de arbitrario, es exacto (…).

Como podrá verse enseguida, no estoy en lo más mínimo sugiriendo que la Iglesia católica sea arbitraria, es decir, que no explique sus razones, pero sí afirmo que el converso se siente profundamente impresionado al descubrir que, aun en los casos en que fue incapaz de comprenderlas, la experiencia acabó demostrándole que existen tales razones. Pero incluso hay algo más notable, que también forma parte de las experiencias del converso. En muchos casos, de hecho, tuvo un primer atisbo de aquellas razones, aunque no fuera capaz de meditarlas, y luego las olvidó al nublar su razón el racionalismo (…).

La ojeriza que la Iglesia sentía por las sesiones de espiritismo se parecía mucho más a mis primeras prevenciones de lo que llegó a parecerse mi entrega a esas prácticas. En los dos casos, es evidente que la Iglesia católica desempeña exactamente el papel que se ha asignado: conocer de todas aquellas cosas que no alcanzamos a saber pero que reconoceríamos como ciertas si pudiéramos (...).

Sea como sea, el hecho indiscutible es que la Iglesia por lo general hace lo correcto al mostrarse por lo general tolerante, pero cuando es intolerante, tiene aún más razón y se muestra aún más razonable (...).

El resultado que se obtiene es un mapa en el que todo callejón sin salida y toda ruta equivocada están marcados con claridad; así como todos los caminos que se han demostrado inútiles ante la mejor de las evidencias: la evidencia de quienes ya los han recorrido (...).

La Iglesia se responsabiliza de advertir a la gente sobre ellos; ahí radica la verdadera cuestión. Hace una dogmática defensa de la humanidad frente a sus peores enemigos, esos ancestrales y horribles monstruos de los viejos errores.

Ahora, todos esos falsos planteamientos pueden aparecer con aire renovado, especialmente para una nueva generación. Su primera aparición siempre suena inofensiva y convincente a la vez. Pondré solo dos ejemplos. Parece inofensivo decir, como suele afirmar la mayoría de la gente de ahora: «Las obras solo son equivocadas si son malas para la sociedad». Sigue esta afirmación y tarde o temprano te encontrarás con la falta de humanidad de una ciudad-pagana o una ciudad colmena, donde se impondrá la esclavitud como el más barato y seguro sistema de producción, torturando a los esclavos como prueba de que el individuo no es nada frente al Estado, afirmando que un hombre inocente debe morir por la gente, tal y como hicieron los asesinos de Cristo. Quizá entonces retomarás los conceptos católicos y encontrarás que la Iglesia, que también dijo que nuestro deber es trabajar para la sociedad, se mostraba a su vez en contra de la injusticia individual. También suena muy piadoso decir: «Nuestro conflicto moral debería concluir con la victoria de lo espiritual sobre lo material». Vuelve a hacer caso de esta afirmación y puedes llegar a la locura de los maniqueos, asegurando que un suicidio es bueno porque es un sacrificio; que una perversión sexual está bien porque no genera vida; que el demonio hizo el sol y la luna, dado que son materiales. Entonces podrás empezar a entender por qué el catolicismo insiste en la existencia tanto de espíritus buenos como malos; y que lo material también puede ser sagrado, como lo es la Encarnación o la Misa, el sacramento del matrimonio o la resurrección del cuerpo.

VIII

Todas las revueltas que se han hecho contra la iglesia antes de la Revolución y más concretamente desde la Reforma, han contado la misma curiosa historia. Todo gran hereje ha exhibido siempre tres características principales combinadas entre sí. La primera es que escoge un concepto místico del gran saco de conceptos místicos que tiene la Iglesia. La segunda es que enfrenta dicho concepto contra todos los demás. Y la tercera (y más peculiar) es que no parece haber tenido constancia de que su concepto místico favorito era eso, un concepto místico, por lo menos en el sentido de un concepto inescrutable, oscuro o dogmático. Con una extraña inocencia, parece dar por sentada la validez de su idea. La asume como una idea inexpugnable, aun cuando la usa para atacar toda clase de ideas de parecida condición. El ejemplo más conocido y obvio es la propia Biblia. A un pagano imparcial o a un observador escéptico debe de parecerles la historia más extraña del mundo; esos hombres lanzándose a la destrucción de un templo, volcando el altar y expulsando al sacerdote, donde encontraron salmos o evangelios inscritos en libros sagrados, que (en vez de arrojarlos al fuego con el resto) empezaron a usar como oráculos infalibles rechazando todo lo demás. Si el sagrado altar mayor estaba mancillado, ¿por qué habrían de ser ciertos los documentos sagrados encontrados en él? Si el sacerdote era un farsante en la práctica de sus sacramentos, ¿por qué no iban a ser también una farsa sus escrituras?

IX

En lo tocante a la reforma de las cosas, y no a su deformación, lo cual es muy distinto, existe un principio muy sencillo y muy claro; un principio al que probablemente deberíamos calificar de paradójico. Supongamos en este caso que existe una cierta institución o una determinada ley; y digamos, para facilitar las cosas, que se trata de algo así como una valla o como una puerta que se cruza en nuestro camino. El reformador actual la cruza alegremente diciéndose que no ve su utilidad y que hay que limpiar el camino de obstáculos. Ante semejante actitud, un reformador más inteligente le replicaría: «Aunque no veas su utilidad, no voy a permitir que la elimines. Trata de mirarla con cierta perspectiva y recapacita. Después, cuando lo hayas hecho y me puedas decir que *sí* ves su utilidad, quizá entonces te permita que la elimines» (...).

Hay reformadores que se saltan a la torera semejante razonamiento afirmando que sus antepasados eran tontos. Ante semejante afirmación solo se nos ocurre decir que parece que tal estupidez sea una enfermedad hereditaria (...).

Entre las tradiciones que están viéndose atacadas, se encuentra esa fundamental creación humana a la que solemos llamar «el hogar» o «la casa familiar» (...).

X

He leído cientos y miles de veces en todas las novelas y revistas actuales algunos comentarios sobre el derecho que tienen los jóvenes a la libertad, sobre la injusta afirmación de que los mayores deben ejercer su control, sobre la idea de que todos los espíritus deben ser libres y que todos los ciudadanos deben ser iguales, y sobre lo absurdo de la autoridad y lo degradante que es la obediencia. De momento no pienso debatir directamente semejantes temas.

Pero lo que me deja asombrado, dentro de un sentido lógico, es que ninguno de esos miles y miles de novelistas y periodistas parece haberse formulado la pregunta más evidente. Al parecer, nunca se les ha ocurrido inquirir sobre qué pasaría con las obligaciones opuestas. Porque si el hijo es libre desde el primer momento para desatender el consejo del padre, ¿por qué no ha de ser libre también el padre desde el primer momento para desatender al hijo? Si el señor Jones, padre y el señor Jones, hijo, son dos ciudadanos libres e iguales, ¿por qué uno de esos dos ciudadanos ha de cuidar y proteger al otro durante los primeros catorce o quince años de su vida? ¿Por qué se supone que el señor Jones padre ha de correr con todos los gastos de alimentación, vestido y alojamiento de otra persona que se siente totalmente libre e independiente de él? Si no se le puede pedir al brillante joven que tolere y aguante a su abuela, que se ha vuelto un poco pesada, ¿por qué esa abuela o esa madre han tenido que soportar al jovencito en unos años en los que también ellas eran jóvenes y brillantes? (...).

Sé que algunos reformadores sociales tratan de marginar esta situación y de eliminar la función paterna apoyándose en algunas difusas ideas sobre el Estado, o sobre una abstracción llamada educación. Pero eso, como muchos otros conceptos expuestos a veces por personas de sólida formación científica, no es más que un completo espejismo, una absoluta ilusión, que se basa en una nueva y extraña superstición, en la idea de los infinitos recursos que posee una organización. Como si los funcionarios crecieran como la hierba o se engendraran como conejos. Se quiere suponer que existe una oferta infinita de empleados y de sueldos para pagarlos; y que tales personas pueden llevar a cabo todo cuanto los seres humanos necesitan hacer por sí mismos, incluyendo el cuidado de los hijos. Pero los hombres no pueden dedicarse exclusivamente a los trabajos de una niñera, ni pueden proporcionar un tutor a cada ciudadano joven; porque, ¿quién sería entonces el tutor de esos tutores? Los seres humanos no pueden ser educados por máquinas. Y aunque pueda existir un robot que nos haga el trabajo de un albañil o de un basurero, nunca podrá haber un robot que desempeñe el papel de maestro o de institutriz. Esta teoría presupone que una sola persona ha de ocuparse de cientos de niños, en lugar de que cuide de un número razonable. En condiciones normales, la persona, el padre o la madre, realiza esos trabajos de forma natural y espontánea sin exigir por ello salario alguno, y dándole a su hijo el afecto y el cariño que es natural, y que incluso podemos observar entre los animales. Si usted corta ese lazo natural y lo sustituye por un sistema asalariado, se estará comportando como el necio que paga a alguien para que haga girar la rueda de su molino cuando podría emplear para esa labor la fuerza del viento o del agua que no habrían de costarle nada; o como el pobre loco que riega cuidadosamente su jardín con una regadera, mientras sostiene un paraguas para protegerse de la lluvia (...).

Si ellos quieren destruir la familia porque no le ven utilidad, yo les diría lo que ya dije al principio: aunque no veáis su utilidad, haríais mucho mejor en conservarla. Porque no ganarán gran cosa pensando en destruirla antes de ver la utilidad que pueda tener.

Pero, además, existen otras cosas, aparte del hecho evidente de realizar una labor social por amor cuando no puede hacerse por dinero; incluso (casi me atrevería a afirmar) en el caso de que haya de reembolsarse con amor, ya que nunca podrá ser reembolsada con dinero. Sobre este punto resulta fácil, en general, analizar la situación. El sistema actual de nuestra sociedad, a pesar de estar sujeto a una cultura básicamente industrial y a enormes abusos y serios problemas, es, sin embargo, normal. Se basa en la idea de que una comunidad está formada por un cierto número de pequeños reinos, de los cuales el hombre y la mujer se convierten en sus correspondientes rey y reina y en el que ejercitan una razonable autoridad, sujeta siempre al sentido común de la comunidad, hasta que sus componentes crezcan y puedan formar, a su vez, nuevos y similares reinos en que ejercitarán una autoridad parecida. Esta es, pues, la estructura social de la humanidad, sumamente antigua y más universal que todas las religiones conocidas. Y cualquier intento que se haga para alterarla no será más que mera cháchara y tontería (...).

Es evidente que la división de la sociedad humana en parcelas domésticas no es perfecta, como toda realización humana. No logra una libertad completa; cosa, por lo demás, difícil de lograr o incluso de definir. Pero, por simple cuestión aritmética, resulta más conveniente organizar a un gran número de personas bajo un control particular que establecer enormes organizaciones que regulen a la sociedad desde fuera, tanto si se trata de sistemas legales, comerciales o meramente sociales. Es un hecho meridiano que existen en la sociedad más padres que agentes de policía, políticos, jefes de grandes negocios o directores de hotel. Como pronto indicaré, este argumento se aplica de forma indirecta a los hijos, y directamente a los padres. Pero el punto capital es que el mundo *externo* al hogar se encuentra ahora bajo una disciplina y una rutina rígidas, y es solamente dentro del hogar en donde se puede encontrar un espacio para la individualidad y la libertad. Cualquiera que salga de su casa se ve obligado a marchar en una especie de procesión, todos del mismo modo y, en cierta forma, vestidos de igual manera. Las empresas, en especial las grandes empresas, se encuentran organizadas actualmente como si fueran ejércitos. Se trata, como alguien podría decir, de un tipo de militarismo suave en el que no hay derramamiento de sangre; un militarismo, diría yo, sin las virtudes militares. Pero, en cierto modo, resulta evidente que los empleados de un banco o las camareras de una cafetería se encuentran más reguladas que cuando regresan a sus viviendas y disfrutan viendo u oyendo sus programas favoritos o gozan con sus pequeños placeres. Pero esto, que resulta tan evidente en el plano comercial, no es menos cierto en el plano social. En la práctica, la búsqueda del placer se reduce a la búsqueda de lo que está de moda. Y la búsqueda de lo que está de moda es sencillamente la búsqueda de lo convencional, aunque se disfrace con una nueva convención. Los bailes y diversiones de todo tipo que puedan ofrecer hoteles y establecimientos públicos no proporcionan *en realidad* una mayor independencia que la que podían ofrecer las actividades del pasado. Si una joven de buena posición quiere hacer lo que hacen las demás jóvenes de buena posición, seguramente se divertirá porque la juventud es alegre y la sociedad también lo es. Pero disfrutará con su modernidad exactamente igual que lo hacían sus abuelitas en su tiempo. Tal diversión es la diversión que proporciona lo convencional, no lo que proporciona la libertad.

Es completamente saludable para todos los jóvenes de todas las épocas históricas el que, hasta cierto punto, se agrupen, se reúnan y se copien unos a otros. Pero en ello no hay nada que resulte particularmente novedoso y, por supuesto, nada que sea especialmente libre (…).

Por ejemplo, las penas que impone el Estado no son más que vagas generalizaciones; y tan solo los castigos domésticos pueden adaptarse a casos individuales, porque solo en el marco hogareño puede conocer el juez las características propias de la persona reprendida o castigada (…).

Tan solo en el ámbito de la disciplina doméstica podemos encontrar una atmósfera de simpatía o de cierto humor. No quiero decir con esto que las familias siempre obren así; lo que pretendo decir es que el Estado nunca debiera ocupar el papel de aquellas (...).

Cuando me quejo del éxodo que se experimenta en las familias, es porque lo considero poco inteligente. La gente no sabe lo que está haciendo; y no lo saben porque ignoran lo que están deshaciendo.

XI

He podido ver que el señor Patrick Baybrooke y otros comentaristas que escriben en el *Catholic Times* han expuesto el tema de la propaganda católica en novelas escritas por autores católicos. Esa misma expresión, que todos nos vemos obligados a utilizar, resulta un tanto incómoda e incluso falsa. Un católico que incluya el catolicismo en una novela, en una canción o en una composición poética, o en cualquier otra cosa, no está comportándose como un propagandista, sino que sencillamente está siendo católico. Todo el mundo comprende esto al observar el entusiasmo que pueda inspirar cualquier cosa. Cuando decimos que el paisaje y la atmósfera de un poeta están llenos del espíritu de Inglaterra, no pretendemos decir que el mencionado poeta estuviera creando propaganda antigermana durante la Gran Guerra. Lo que queremos decir es que, si se trata de un auténtico poeta inglés, su poesía tendrá que ser inevitablemente inglesa. Cuando decimos que ciertas canciones están llenas de espíritu marinero, no queremos decir que el poeta esté reclutando jóvenes para la Armada, ni siquiera contratando hombres para la marina mercante. Lo que queremos decir es que ese poeta ama el mar, y que por tal razón quisiera que ese amor fuera compartido por otras personas. Personalmente estoy totalmente a favor de la propaganda, y una gran parte de lo que escribo es deliberadamente propagandístico. Y aun cuando no llegue a serlo del todo, probablemente estará plagado de implicaciones de mi religión; porque eso es lo que yo entiendo por pertenecer a una religión (...).

El budismo es una auténtica religión o, en todo caso, una filosofía muy real. El calvinismo fue una religión que disponía de una teología real. Pero la mentalidad del hombre moderno es una curiosa mezcla de calvinismo decadente y de budismo diluido, y expresa su filosofía sin saber muy bien lo que es. Nosotros decimos lo que nos resulta natural decir, pero sabemos lo que decimos. Por consiguiente, se puede deducir que lo decimos para conseguir cierto efecto. Por el contrario, él dice lo que le resulta natural decir, pero no sabe muy bien lo que está diciendo; y mucho menos todavía por qué lo dice. Así pues, no se le puede acusar de estar revelando su dogma al mundo, porque ni siquiera sabe revelárselo a sí mismo. Es simplemente un partidario, un particular, un individuo que depende en gran medida de un sistema doctrinal que es diferente de otro. Pero lo ha dado tan por descontado que, a menudo, se olvida de lo que profesa. Por tanto, la literatura no le parece partidaria, aun cuando lo sea. Pero a él nuestra literatura sí le parece propagandística, aunque no lo sea (...).

Este mundo de hoy día ignora que todas las novelas y periódicos que se leen y escriben están de hecho plagados de ciertas suposiciones que son, justamente, tan dogmáticas como si fueran auténticos dogmas. Yo estoy de acuerdo con algunas de estas suposiciones, como, por ejemplo, que el ideal de la igualdad humana se hallaba en todos los relatos románticos desde *La Cenicienta* hasta *Oliver Twist;* que los ricos están insultando a Dios al despreciar a los pobres. Sin embargo, con otros de esos supuestos no me muestro de acuerdo, como en esa idea peregrina de la desigualdad humana, que se tolera en el plano de las razas aunque no en el de las clases. Que los pueblos nórdicos son superiores a los pueblos mediterráneos; que basta el puñetazo de un caballero bien entrenado en las artes heroicas y militares de Wall Street o del Stock Exchange para poner en fuga a un grupo de pobres desesperados. Pero lo cierto de tales supuestos, ya sean verdaderos o falsos, es que permanecen una vez que han sido aceptados. No se consideran prédicas o sermones y, por consiguiente, tampoco se les llama propaganda; aunque, en la práctica, tengan todas sus características. Incluyen un cierto número de opiniones que todo el mundo desaprueba; y las exponen y propagan mediante obras de ficción y de literatura popular. Lo único que no hacen es manifestarlas claramente para que puedan ser criticadas. Yo no condeno a los escritores porque incluyan sus principios filosóficos en sus relatos. Ni siquiera lo hago si utilizan sus historias y relatos para expandir sus filosofías. Pero ellos sí lo hacen con nosotros. Y la única razón es que todavía no se han dado cuenta de que nosotros tenemos nuestra propia filosofía.

Creo que verdaderamente se hallan atrapados en un círculo vicioso. La vaga filosofía que profesan les dice: «Todas las religiones están muertas; el catolicismo romano es una secta religiosa que debe estar particularmente muerta puesto que consiste en actos y actitudes meramente externos, en cruces, genuflexiones y todo lo demás; ceremonias que se supone que esos sectarios han de realizar en un lugar y en un momento concretos». Sucede entonces que ciertos autores católicos se deciden a escribir una novela o una obra dramática sobre el amor que se profesan un hombre y una mujer, o bien la rivalidad que existe entre dos hombres, o cualquier otro tema que tenga que ver con las relaciones humanas; y ese autor o autores se quedan atónitos al comprobar que no les es posible expresar tales sentimientos de una forma «no sectaria». Ante tal situación, los otros se preguntan por qué ese determinado escritor se ha dejado llevar por los principios de su religión. Con lo cual pretenden decir: «¿Por qué se deja arrastrar por su religión, que consiste tan solo en genuflexiones, santiguamientos y otros signos externos a realizar en un determinado lugar y en un determinado momento, cuando el autor está hablando de un marco de amplios sentimientos, de la belleza de una mujer y del coraje y ambición de un hombre?». Con lo cual pretenden decir: «Una vez que hemos llegado a la conclusión de que su fe no es más que algo mezquino y ya muerto, ¿cómo se atreve a aplicar sus principios a algo que está vivo y que es universal? No tiene derecho a ser tan genérico cuando bien sabemos que lo suyo es muy estrecho y mezquino».

Así pues, concluyo que, si bien el señor Braybrooke tenía toda la razón al sugerir que un novelista creyente no debe sentirse avergonzado por tener una causa que defender, su necesidad más inmediata es encontrar una forma de popularizar nuestra plena filosofía de vida, haciéndolo con mayor claridad de lo que pueda insinuarse a través de los símbolos de una historia. La dificultad que se presenta en un relato es precisamente su propia simplicidad y, de manera más especial, la rapidez con la que se trata su contenido. La gente hace cosas que no define o no defiende. Gorlias Fitzgorgon hace el signo de la cruz, pero no se detiene en medio del bosque encantado para explicar los motivos por los cuales tal signo es una invocación de la Trinidad y, al mismo tiempo, un recuerdo de la Crucifixión. Lo que se pretende es establecer un ritual popular que quede vinculado de algún modo con nuestra creencia sobre la vida, la muerte, el sexo, los comportamientos sociales, etc. Cuando la gente comprenda la luz que nos ilumina al hacer todos esos actos, tampoco se sorprenderá de que los reflejemos en nuestras obras de ficción.

XII

Muchos de nuestros amigos y conocidos siguen manteniendo un saludable prejuicio contra el canibalismo. Parece que todavía está muy lejano el momento en que se dé el próximo paso en la evolución ética. Pero la idea de que no hay mucha diferencia entre los cuerpos de hombres y animales no está de ningún modo muy lejana, sino muy próxima. Está expresada de cientos de maneras, como una especie de comunismo cósmico. Casi podemos afirmar que está expresada de todas las maneras, exceptuando la del canibalismo.

Se expresa, como en la teoría de Voronoff, introduciendo partes de animales en el cuerpo humano. Se expresa, como en el vegetarianismo, al *no* introducirlas. Se expresa al dejar morir a una persona como si fuera un perro; o al pensar que es más patética la muerte de un perro que la de un hombre. Algunos se muestran quisquillosos sobre lo que pueda suceder a los cuerpos de los animales; como si estuvieran completamente seguros de que un conejo pudiera sentirse ofendido por ser cocinado, o que una ostra pudiera exigir que se la incinerase. Otros se muestran sumamente indiferentes a lo que pueda ocurrir a los cuerpos de los seres humanos, negando toda dignidad a los muertos y volcando todo su afecto en los vivos. Pero todas estas tipologías tienen evidentemente una cosa en común, y es la de que consideran al cuerpo humano y al de las bestias como simples cosas. Los consideran como una mera generalización o, en el mejor de los casos, como elementos comparativos. Entre las personas que comparten estas ideas, la *razón* para desaprobar el canibalismo se ha vuelto muy imprecisa. Se mantiene como una tradición y como un instinto. Por fortuna, aunque actualmente sea muy imprecisa, es también muy fuerte. Pero aunque el número de pioneros que estuvieran probablemente dispuestos a comerse la carne bien cocinada de un misionero sea todavía muy reducido, el número de quienes sabrían explicar las razones para no hacerlo es todavía menor.

La razón real es que toda esa clase de ideas sensatas constituye actualmente las tradiciones de los dogmas católicos. Como sucede con muchos otros dogmas católicos, los mismos paganos pueden sentirlos, de forma más o menos vaga, siempre que se trate de paganos sensatos. Pero cuando se trata no solo de sentir, sino de formular, se descubrirá que estamos hablando de una cuestión de fe. En esta línea se encuentran todas las ideas que más desagradan a los modernistas: el tema de la «creación especial»; el de que la imagen divina no es tan solo producto de la evolución y la del abismo que separa al hombre del resto de las criaturas (...).

De nuevo nos encontramos aquí con que los teóricos modernos se verán obligados a defender su propia sensatez con un prejuicio. Solamente el teólogo medieval podrá defenderla con la razón. No voy a extenderme en la esencia de tal razonamiento; baste decir que se funda en la Caída del hombre, de la misma manera que el sentimiento instintivo contra el canibalismo se funda en la divinidad del hombre.

XIII

Probablemente le producirá [al hombre que adopta una filosofía materialista] un estremecimiento de carácter místico imaginar que Dios pueda convertirse en pan y en vino; aunque nunca he entendido por qué no habría de producirle el mismo estremecimiento al decir que Dios puede convertirse en sangre y carne. Pero tanto si estos pensadores son lógicos en su pensamiento como si no, esta es su filosofía. No es materialista, sino maniqueísta.

De hecho, el deán reveló una verdad inconsciente cuando afirmó que los sacramentalistas debían de ser «idólatras naturales». Tal afirmación le amedrentó, no solo porque fuera idólatra, sino porque también era algo natural. No podía soportar pensar en lo natural que resulta el ansia por lo sobrenatural. No podía tolerar la idea de que lo sobrenatural se mueve a través de los elementos de la naturaleza. Inconscientemente, de ello no tengo duda, pero con enorme terquedad, esa clase de intelectuales sienten que nuestras almas deben pertenecer a Dios, pero nuestros cuerpos le pertenecen al diablo, a la Bestia. Ese horror que los maniqueos sienten por la materia es la única explicación inteligente para semejante rechazo de las maravillas sacramentales y sobrenaturales. El resto no son más que cánticos y repetitivas disquisiciones atrapadas en un círculo vicioso; todo ese dogmatismo sin fundamento sobre que la ciencia le prohíbe al hombre creer en los milagros; como si la ciencia pudiera prohibirle al hombre creer en algo que no está dispuesta a investigar. La ciencia es el estudio de las leyes aceptadas sobre la existencia; y no puede demostrar la existencia de una negativa de carácter universal sobre si tales leyes pueden ser anuladas por algo que se encuentre por

encima de ellas. Es como decir que un aboga-
do era tan profundo conocedor de la Cons-
titución americana que sabía perfectamente
que era imposible que se produjera una revolución en América.

XIV

Unos años antes de la guerra, algunos de
mis colegas periodistas, tanto socialistas
como *tories*, me preguntaron qué entendía
yo por democracia; sobre todo les interesaba
saber si creía que tenía sentido la idea de la
«voluntad general» de Rousseau. Les dije que
pensaba (y sigo pensándolo) que puede existir
tal cosa, pero que debería ser mucho más sólida y unánime que una mera mayoría como la
que gobierna en la política de partidos (...).
En cualquier momento puede haber una *voluntad general*, pero es una clase de voluntad
débil y extraña, sin fe que la sostenga.

La voluntad general moderna se ha mostrado sorprendentemente débil y fluctuante, no
solo en el terreno de las apariencias, sino también en los asuntos más profundos relaciona-
dos con el sexo. Supongo que porque conoce
desde el principio esta flaqueza, la Iglesia ha
sido muy decidida y abiertamente dogmática

con respecto a ciertos temas sexuales. Como algunas buenas personas piensan sinceramente, quizá ha sido demasiado decidida y dogmática. Un católico es una persona que ha reunido coraje suficiente para afrontar la idea inconcebible e increíble de que pueda existir alguien que sepa más que él. Y la más destacada y sorprendente demostración de sabiduría es quizá la que se puede encontrar en el punto de vista católico acerca del matrimonio, comparado con la teoría moderna del divorcio. Hay que aclarar de inmediato que no se trata de la opinión sobre la modernísima teoría del divorcio, que es la mera negación del matrimonio, sino más bien con la ligeramente menos moderna o más moderada teoría del divorcio, tal como generalmente se aceptaba incluso cuando yo era niño. Este es el punto fundamental de la demostración; explica por qué la Iglesia rechaza tanto la teoría moderada como la extrema. Ilustra, además, el hecho que estoy señalando: el divorcio se ha convertido en algo totalmente distinto de lo que se había previsto, incluso para aquellos que primero lo propusieron.

Para poder entender cómo alguien creyó que el divorcio era compatible con la virtud victoriana, debemos situarnos en un mundo de ideas diferentes, como lo hicieron muchos victorianos virtuosos, que toleraban esa situación social solo como excepción, y no hubieran consentido muchas otras soluciones sociales modernas. Mis propios padres no eran puritanos ortodoxos ni miembros de la *High Church;* eran universalistas, más cercanos a los unitarios: ellos hubieran calificado el control de la natalidad de la misma manera que calificaban el infanticidio. Y, sin embargo, con relación al divorcio, estos protestantes liberales sostenían un punto de vista intermedio, que era sustancialmente así: pensaban que era la necesidad y el deber normal de toda pareja casada mantenerse fiel a su matrimonio, y que podía exigírsele esto, como la honestidad o cualquier otra virtud, aunque admitían que en algunos casos extremos y extraordinarios se podía permitir el divorcio. Lo cierto es que, si dejamos de lado nuestra propia doctrina sacramental y mística, esta postura no parece una actitud poco razonable en sí misma. Ciertamente no tenía un sentido anárquico. Pero la Iglesia católica, casi en solitario, declaró que esto conduciría a la anarquía; y la Iglesia católica tuvo razón.

Todo el que contemple el mundo de hoy con ideas en la cabeza debe reconocer, con independencia de cuáles sean esas ideas, que la sustancia social del matrimonio ha cambiado, de la misma manera que la sustancia social de la cristiandad cambió con el divorcio de Enrique VIII. Como en aquel caso, las formas se mantuvieron por un tiempo, y algunas permanecen todavía. Muchos divorciados, que podrían volver a casarse legalmente en el registro civil, siguen quejándose amargamente de que no los pueda casar un sacerdote. Miran a la Iglesia como el lugar idóneo para hacer un voto que al mismo tiempo puedan romper. El obispo de Londres, que supuestamente debería simpatizar con la fracción más sacramental, apoyó una de esas quejas argumentando que se trataba de un caso muy especial. ¡Como si los casos protagonizados por seres humanos no fueran todos muy especiales! Esta declaración habría sido una de las razones para convertirme si no me hubiera convertido antes.

Mucho más importante es el tema del clima social general. Muchas personas normales se casan pensando que pueden divorciarse. En el instante en que esta idea entra en sus cabezas, toda la antigua concepción protestante del compromiso se desvanece. El sincero e inocente victoriano nunca se hubiera casado con una mujer pensando que podía divorciarse de ella. Le hubiera resultado mucho más fácil casarse con la idea de que podría asesinarla. No se suponía que estos pensamientos pudieran formar parte de las ilusiones de la luna de miel.

La sustancia psicológica del acto ha sido completamente alterada; el mármol se ha convertido en hielo y el hielo se ha disuelto con la más sorprendente rapidez. La Iglesia estuvo acertada al negarse a admitir incluso la excepción; y la excepción ha terminado siendo la regla.

XV

La cuestión del matrimonio es ahora un problema de estado de ánimo. Sus enemigos no tuvieron paciencia para permanecer en una posición relativamente fuerte, esto es, sostener que no se podía demostrar que el matrimonio fuera un sacramento, y que algunas excepciones debían ser tratadas como tales, porque la institución era meramente social. No fueron capaces de conformarse con decir que no es un sacramento, sino un contrato, y que una acción legal excepcional puede romper un contrato, incluido el contrato llamado matrimonio. Pusieron sobre la mesa objeciones que serían igualmente fútiles y fáciles de hacer a cualquier contrato. Dijeron que un hombre no permanece en el mismo estado de ánimo durante diez minutos seguidos y no se le puede pedir que admire en una aurora rojiza lo que admiró en un atardecer ocre. Insistieron en que nadie puede asegurar que va a ser la misma persona el próximo mes, ni siquiera el próximo minuto, y que no lo asaltarán nuevas e innombrables torturas si su mujer usa un sombrero diferente, o que no es capaz de someterla a un infierno si usa un par de medias que no haga juego con la alfombra.

Por supuesto, estos arrebatos de locura pueden aparecer en cualquier otra relación humana, aparte del matrimonio. Un hombre puede no haber elegido su profesión, porque mucho antes de haberse convertido en arquitecto puede haber sentido un místico impulso de hacerse aviador, o verse sumido en una pasión vocacional de trompetista o cazador de ballenas. Un hombre puede no comprar una casa por miedo a que un extraño con un par de calcetines inadecuado pueda entrar en ella; o por miedo a cambiar de opinión con respecto a las alfombras o las cornisas. Uno puede negarse de pronto a hacer un negocio con su socio, porque él también, como el cruel marido, usa la corbata equivocada. Yo he visto un escrito oficial muy serio que pedía compasión para una esposa que había abandonado a su familia porque su psicología era incompatible con una corbata naranja. Todo esto es solo una posible aplicación del razonamiento, pero ilustra exactamente el sentido en el que se aplica hoy en día el principio del escepticismo y de qué manera el escepticismo ha evolucionado desde una aparente sensatez hacia una innegable insensatez. Las herejías se autodestruyen, y siempre mueren sin necesidad de que se les dé un golpe de gracia.

La razón, antes incluso que la religión, tiene una respuesta contundente: «Si usted piensa de esa manera, ciertamente no podrá fundar una familia; ni ninguna otra cosa. No podrá construir casas, no podrá crear sociedades, no podrá dedicarse a ninguna de las ocupaciones de este mundo. No podrá plantar un árbol, porque la semana que viene podría lamentar no haberlo plantado en otra parte; no podrá echar una patata en la olla, porque en cuanto lo haga será demasiado tarde para sacarla de ella. Su estado de ánimo está marcado por la cobardía y la esterilidad; su forma de encarar los problemas consiste en buscar excusas para no resolverlos. Muy bien; si usted lo quiere, que así sea, y que el Señor le acompañe. Será respetado por su sinceridad, será compadecido por su sensibilidad. Incluso puede conservar algunas de las cualidades que en ocasiones hacen útil el escepticismo. Pero si usted es demasiado escéptico para realizar estas cosas, debe apartarse del camino, para no estorbar a quienes las pueden hacer. Deje el mundo a los que piensan que se puede trabajar en él, a los que creen que el hombre puede hacer casas, sociedades, obras, compromisos que se cumplan. Y si para guardar una promesa, o hervir una patata, o comportarse como un ser humano, es necesario creer que Dios hizo al hombre, que Dios se hizo hombre y que llevará a los hombres a las alturas de la Gloria, por lo menos debe dar una oportunidad a esos crédulos fanáticos.

A todo esto es a lo que me refiero cuando hablo de la supervivencia del más apto. Por eso la gastada frase darwinista, que probablemente es un error en el campo de la historia natural, es una verdad en el terreno de la historia sobrenatural. La entidad orgánica llamada *religión* tiene, de hecho, los órganos que hacen posible la vida. Puede alimentarse allí donde los fastidiosos indecisos no son capaces de encontrar alimento; puede reproducirse allí donde el escéptico solitario alardea de su esterilidad. Creer en el libre albedrío puede requerir casi un milagro, pero no creer en él implica aceptar la locura tarde o temprano. Hacer un voto puede suponer un riesgo enorme, pero huir del compromiso es una silenciosa, cobarde e inevitable ruina. Puede resultar increíble que un credo sea cierto y todos los demás estén equivocados; pero pensar que no hay verdad en ninguno de los credos porque todos son igualmente falsos no es solo increíble, sino también intolerable. Si todo está igualmente equivocado, nadie puede solucionar nada nunca.

Lo interesante del momento actual es que el hombre de ciencia, el decir el héroe del mundo moderno y el último de los grandes servidores de la humanidad, se ha negado de repente a tener nada que ver con el horrible trabajo de andar dando vueltas a la negación y royendo ciegamente los fundamentos del imperio humano. Y es que el trabajo de los escépticos de los últimos cien años ha sido ciertamente como la furia inútil de un monstruo primitivo, ciego, sin cerebro, reducido a la tarea de destruir y devorar; un gusano gigante dedicado a desbastar un mundo que ni siquiera puede llegar a ver, llevando una vida oscurecida y bestial, inconsciente de sus propias causas y de sus propias consecuencias. Pero el hombre ha vuelto a empuñar sus armas: la voluntad, la adoración, la razón y la visión del plan que existe en las cosas, y una vez más tenemos la oportunidad de volver al amanecer del mundo.

XVI

No hay muchas cosas que me muevan a algo parecido al desprecio personal. No siento ningún desprecio por el ateo, que es a menudo un hombre limitado, constreñido por su propia lógica a una simplificación muy triste. Tampoco desprecio al bolchevique, que es un hombre llevado por la misma simplificación negativa a una rebelión contra errores que son muy ciertos. Pero existe un tipo de hombre hacia el cual sí siento lo que solo puedo calificar como desprecio. Y ese es el propagandista popular de lo que él —o ella— describe de forma absurda como control de la natalidad.

Desprecio el control de la natalidad, en primer término, porque es una expresión débil, indecisa y cobarde, que se usa para disimular, y así conseguir el apoyo hasta de aquellos que en principio rechazarían lo que encierra su verdadero sentido. El proceso que estos curanderos recomiendan no controla, en realidad, ningún nacimiento, solo garantiza que no va a haber ninguna natalidad que controlar. No pretenden, por ejemplo, determinar el sexo o hacer alguna selección al estilo de la pseudociencia que llaman «eugenesia». La gente normal produce nacimientos; y esta clase de personas solo puede impedirlos. Ellos saben perfectamente que deberían escribir «prohibición de la natalidad» allí donde escriben la hipócrita frase «control de la natalidad». Pero saben tan bien como yo que la frase «prohibición de la natalidad» causaría escalofríos en el mismo instante en que fuera puesta en titulares de prensa, proferida desde tribunas o distribuida en anuncios, como se hace con cualquier otra medicina de curanderos. No se atreven a llamarla por su nombre porque su nombre verdadero es mala propaganda. Por eso usan una frase convencional y sin significado, capaz de presentar su curanderismo como algo inocuo.

Desprecio el control de la natalidad, en segundo lugar, porque es una propuesta débil, indecisa y cobarde. No es ni siquiera un paso en el farragoso camino que ellos llaman eugenesia; sino negarse de plano a dar el primer y más obvio paso en el camino que conduce a la eugenesia.

Cuando se acepta que su filosofía es correcta y se tiene claro el camino que ha de seguirse, su curso de acción es evidente, pero ellos se niegan a seguirlo y ni siquiera se animan a confesarlo. Si lo que la cristiandad ha considerado moral no tiene sentido, porque sus orígenes son místicos, entonces deberían sentirse libres de ignorar toda diferencia entre los hombres y los animales, y consecuentemente tratar a los hombres como animales. No necesitan andarse con rodeos, darle vueltas al rancio y tímido compromiso llamado control de la natalidad. Nadie lo aplicaría a un gato. El camino obvio para los partidarios de la eugenesia es actuar con los bebés como actuarían con los gatos. Permitan que lleguen al mundo todos los bebés, para después ahogar a los que no nos gustan. No veo ninguna objeción a esto que no sea la argumentación moral o mística con que nos hemos opuesto al control de la natalidad.

Tal comportamiento sería propia y razonablemente eugenésico, porque podríamos seleccionar a los mejores, o al menos los más saludables, y sacrificar a aquellos a los que se llama «inadaptados». Con el débil compromiso implícito en la prevención de la natalidad estamos, muy probablemente, sacrificando a los adaptados para producir únicamente inadaptados. Los nacimientos que impedimos pueden ser los de los mejores y más hermosos niños; los que permitimos, los de los más débiles o los peores. Y esto es probable porque este hábito del control de la natalidad desalienta la paternidad precoz, la de la gente joven y vigorosa, permitiéndoles dejar la experiencia para años posteriores, principalmente por motivos económicos. Hasta que no vea aparecer un verdadero líder, un pionero progresista que proponga un programa científico bueno y audaz para ahogar a los bebés, no me uniré al movimiento.

Hay una tercera razón para mi desprecio, mucho más profunda y, por lo tanto, mucho más difícil de explicar, en la que están enraizadas todas mis razones para ser lo que soy o intento ser, y, sobre todo, para ser distributista. Quizá la mejor manera de explicarla sea diciendo que mi desprecio se dispara hasta convertirse en tendencia a la mala conducta cuando oigo la sugerencia, muy extendida, de que se impiden los nacimientos porque la gente desea estar *libre* para ir al cine o comprar un tocadiscos o una radio. Lo que me hace desear pisotear a esas gentes como si fueran felpudos es que usen la palabra «libre», cuando con cada uno de esos actos se encadenan al más servil y mecánico sistema que haya sido tolerado por los hombres. El cine es una máquina para proyectar formas llamadas imágenes, que transmiten la noción que los más vulgares millonarios tienen sobre el gusto de las más burdas multitudes. El tocadiscos es una máquina que sirve para reproducir el tipo de melodías que ciertos comercios y otras entidades deciden vender. La radio es mejor; pero tampoco se salva de lo que marca la modernidad de los otros instrumentos: la impotencia de los que reciben sus mensajes. El aficionado no puede desafiar al actor, el dueño de la casa gritará inútilmente frente al tocadiscos, la turba no puede apedrear al moderno parlante, sobre todo porque es un altavoz. Los tres forman parte del mecanismo que suministra a los hombres lo que sus patrones piensan que deben recibir.

Por el contrario, un niño es precisamente el signo y el sacramento de la libertad personal. Es una tierna voluntad libre que se añade a las demás voluntades del mundo; es algo que sus padres han decidido producir libremente y que libremente acuerdan proteger. Ellos sienten que cada diversión, cada gozo que les proporciona —que a veces es considerable— verdaderamente proviene de él y de ellos, y de nadie más. Ha nacido sin la intervención de ningún jefe o señor. Es una creación y una contribución, su propia y creativa contribución a la creación. Además es mucho más bello, maravilloso, entretenido y asombroso que cualquiera de las historias rancias o las tintineantes melodías de *jazz* suministradas por las máquinas. Si los hombres han dejado de sentir que es así, es porque han perdido el aprecio por las cosas primarias y, por consiguiente, todo sentido de la proporción en relación con el mundo. La gente que prefiere los placeres mecánicos a semejante milagro está agotada y esclavizada. Prefiere la escoria antes que la fuente primigenia de la vida. Prefiere la última, torcida, indirecta, copiada, repetida y muerta creación de nuestra agonizante civilización capitalista a la realidad que supone el único rejuvenecimiento verdadero de cualquier civilización. Son ellos los que abrazan las cadenas de su vieja esclavitud; y es el niño quien está preparado para formar parte del nuevo mundo.

XVII

Sería muy ingrato por mi parte olvidar que fui afortunado gracias a la relativa racionalidad y moderación de mi familia y mis amigos. Hay todo un mundo protestante que consideraría tal moderación como un protestantismo demasiado tibio. Nunca sentí, conocí ni entendí, ni siquiera en mi niñez, esta extraña fobia a la adoración a María, la insana vigilancia que busca hasta las más pequeñas señales del culto a la Virgen como si fueran las manchas anunciadoras de una plaga. Una manía que la presume ocupada en una secreta y permanente vulneración de las prerrogativas de Cristo. Tampoco pensaron de esa manera quienes me criaron. No sabían casi nada sobre la Iglesia católica, y ciertamente no imaginaban que algún pariente pudiera llegar a pertenecer a ella; pero sabían que nobles y hermosas ideas habían sido presentadas al mundo bajo la forma de esta sagrada figura, como bajo la de los dioses o héroes griegos. A la vez que descartamos que esta atmósfera protestante fuera activamente anticatólica, debo decir que, además, mi caso personal era algo curioso.

Me he puesto a escribir irreflexivamente sobre un tema a la vez íntimo y audaz; un asunto que, por su propia magnitud, debería hacer imposible el egoísmo, pero que solo puede ser personal. *María y el converso* es el más personal de los temas, porque la conversión es algo más personal y menos comunitario que la comunión, e implica la intervención de sentimientos individuales a modo de introducción a los sentimientos colectivos. Y también porque el culto a María es, en cierto sentido, un culto personal, alrededor del cual siempre debe existir la adoración a un Dios personal.

Dios es Dios, el hacedor de todas las cosas visibles e invisibles. La Madre de Dios está relacionada en un especial sentido con las cosas visibles, porque ella pertenece a esta tierra y Dios fue revelado a los sentidos humanos a través de su ser carnal. En la presencia de Dios debemos recordar todo lo que es invisible, incluso en el sentido de lo puramente intelectual; las abstracciones y las leyes absolutas del pensamiento: el amor a la verdad y el respeto por la razón recta y la lógica de las cosas, que Dios mismo ha respetado. Porque, como insiste en decir santo Tomás de Aquino, Dios mismo no contradice el principio de no contradicción. Pero Nuestra Señora, al recordarnos especialmente al Dios encarnado, encarna de alguna manera todos esos elementos del corazón y de los instintos más elevados que son legítimos atajos en el camino hacia el amor de Dios.

Por lo tanto, no es fácil, ni mucho menos, el manejo de esos sentimientos personales. Espero que no se me malinterprete si utilizo un ejemplo puramente personal, porque es precisamente este aspecto de la religión el que no puede ser impersonal. El hecho de que siempre haya tenido una curiosa nostalgia de esta particular tradición, aun viviendo en un mundo que la consideraba una leyenda, puede haber sido un accidente o un favor del cielo altamente inmerecido, pero es un hecho. No solamente fui seducido por esa idea cuando todavía estaba atascado en la etapa de escepticismo escolar, sino que fui afectado por ella mucho antes, incluso antes de haber compartido la religión de mi infancia, en la que la Madre de Dios no encontraba un lugar adecuado. Hace poco encontré fragmentos de una pésima imitación de Swinburne, garabateados con una horrible caligrafía. Creo que el escrito estaba dedicado a lo que por aquel entonces yo hubiera llamado fiel imagen de la Madonna. Y puedo recordar claramente haber recitado las líneas del *Himno a Proserpina*, contradiciendo deliberadamente la intención de Swinburne, dedicándoselas a la nueva Reina Cristiana de la vida, en lugar de a la ya caída reina pagana de la muerte:

Pero yo retorno a ella todavía;
habiendo visto que al final prevalecerá;
Diosa y doncella y reina, mantente cerca
de mí ahora, y hazte amiga mía.

Desde entonces tuve la inicialmente oscura y muy vaga, pero poco a poco cada vez más clara, idea de estar luchando por la defensa de todo lo que Constantino había establecido, de la misma manera que el pagano de Swinburne había defendido lo que aquel destruyó.

Todavía resulta evidente que el mundo no converso, ya sea puritano o pagano, pero especialmente si es puritano, tiene una noción muy extraña de la unidad colectiva de los asuntos o los pensamientos católicos. Sus mayores representantes, aunque no sean encarnizados enemigos, nos ofrecen una curiosa lista de los elementos que ellos suponen que constituyen la vida católica; un extraño conjunto de objetos, como velas, rosarios, incienso... Siempre les impresiona fuertemente la enorme importancia y necesidad del incienso, las vestiduras, las ventanas ojivales. Y también se alteran por la presencia de toda suerte de cosas, esenciales o no, citadas en cualquier orden: los ayunos, las reliquias, las penitencias o hasta el Papa.

Pero incluso en su atolondramiento testimonian una necesidad que no es tan insensata como sus intentos de satisfacerla: la necesidad de algo que resuma «todo ese tipo de cosas», que realmente describa el catolicismo. Por supuesto que puede ser descrito desde dentro, mediante la definición y desarrollo de sus primeros principios teológicos, pero esa no es la necesidad de la que estoy hablando. Lo que quiero decir es que los hombres necesitan una imagen clara y bien perfilada, una imagen que les defina de forma instantánea lo que distingue al catolicismo de lo que dice ser cristiano o que, incluso, es cristiano en cierto sentido. Ahora apenas puedo recordar un tiempo en el que la imagen de Nuestra Señora no se alzase en mi mente de forma completamente definida al mencionar o pensar en todas estas cosas. Yo me sentía muy alejado de todas ellas y, posteriormente, tuve muchas dudas; más tarde disputé con todo el mundo, incluso conmigo mismo, por su culpa; porque esa es una de las condiciones que se producen antes de la conversión. Pero tanto si esa imagen era muy lejana, o bien oscura y misteriosa, constituía un escándalo para mis contemporáneos, o un desafío para mí mismo. Nunca llegué a dudar de que esa figura era la figura de la fe, que ella encarnaba en un ser humano completo. Cuando recordaba a la Iglesia católica, la recordaba a Ella. Cuando intentaba olvidar a la Iglesia católica, era a Ella a quien intentaba olvidar. Y cuando, finalmente, logré ver lo que era más noble que mi destino, el más libre y fuerte de todos mis actos de libertad, fue frente a una pequeña y dorada imagen suya en el puerto de Brindisi, momento en el que prometí lo que habría de hacer si llegaba a regresar a mi país.

XVIII

Probablemente habrán bastado dos siglos para completar la transición del protestantismo al paganismo. La Iglesia estará nuevamente cara a cara con su primer y más formidable enemigo; que es mucho más atractivo, porque es más humano que cualquiera de las herejías. Este estado de cosas, que solo puede ser llamado paganismo, es fácilmente definible aunque ha sido malinterpretado muy a menudo. En cierto sentido podría denominarse materialismo práctico, es decir, libre de la estrechez del materialismo teórico. El pagano buscaba sus placeres en las fuerzas naturales de este mundo; pero no insistía tan estrictamente en secas negaciones del otro. Por lo general, admitía una vaga frontera de lo desconocido, que le daba unas posibilidades de inspiración o recogimiento que le están vedadas al ateo barato, con su mundo de relojería. El adorador del Dios desconocido, por lo menos construía un altar, aunque no grabara en él ningún nombre. Pero me imagino que los hombres que una vez fueron cristianos no tardaron en descubrir, o mejor redescubrir, el profundo defecto que destruyó al paganismo y llenó siglos con el horror de su etapa final. Cuando se convierten en Dios, las fuerzas naturales traicionan a la humanidad con algo que es la verdadera naturaleza de la adoración de la naturaleza. Ya podemos ver a hombres que pierden su salud por la adoración de la salud, que se vuelven odiosos por la adoración del amor, que se convierten en paradójicamente solemnes y agotados por la idolatría del deporte, y en algunos casos, en extrañamente morbosos e infectados por la perversión de una inicialmente justa simpatía por los animales. A menos que todas estas cosas estén sujetas a una concepción centrada y bien equilibrada del universo, el dios local se vuelve demasiado vívido, podríamos decir demasiado visible, y castiga a sus adoradores con la locura.

El panteísta siempre está demasiado cerca del politeísta, el politeísta del idólatra, y el idólatra del hombre que practica sacrificios humanos. No hay nada en el paganismo que le permita controlar sus propias exageraciones, y por esta razón el mundo encontrará de nuevo, como ya lo hizo una vez, la necesidad de una filosofía moral universal soportada por una autoridad que tenga el poder de definir. En cualquier caso, este combate entre el paganismo y el catolicismo se librará en campos, es decir, temas de discusión que hubieran sorprendido mucho a los hombres que debatieron la emancipación católica hace cien años.

El surgimiento de nuevas temáticas dejará cada vez más clara la ventaja de una antigua religión. Cuando el mundo comience a plantearle nuevos interrogantes a la Iglesia, le serán revelados aspectos enteros de la doctrina y la tradición católica que estaban ocultos por los accidentes históricos y las recientes querellas demasiado particulares. He aquí una cuestión que no ha sido suficientemente subrayada en las relaciones entre el protestantismo y el catolicismo. Muy a menudo, un protestante ha sido no solamente un hombre que simplemente protesta, sino que lo hace sobre algo en particular. Un hombre que a veces pensó que el problema era Roma, mientras que en realidad se trataba de uno de los mil aspectos de Roma. Cuando nuevos aspectos aparezcan a la luz de nuevos reflectores, el protestante no será derrotado, simplemente quedará fuera del foco, es decir, del problema. Un anabaptista desaprueba el bautismo de los bebés; un presbiteriano desaprueba a los obispos; un prohibicionista desaprueba la cerveza, y así sucesivamente. Pero un presbiteriano, como tal, tiene muy poco que decir sobre el subconsciente. Un anabaptista, en tanto que tal, no tiene nada especial que decir a un conductista. Pero un católico puede tener mucho que decir a estas personas. Porque la interpretación católica de la vida ha perdurado mucho más tiempo y ha cubierto tantas condiciones sociales diferentes, ha estudiado tan cuidadosamente tan incontables matices de metafísica o casuística, que realmente está relacionada con casi cualquier tipo de especulación que pueda surgir. Así, en el caso del psicoanálisis y el estudio del subconsciente, la Iglesia se encontrará tarde o temprano defendiendo verdades esenciales de la voluntad y la conciencia contra la marea de salvaje despersonalización que se avecina. Los católicos recuerdan que el catolicismo tiene derecho y razón para hacerlo. Pero un calvinista que ha olvidado a medias al calvinismo no tiene ningún motivo particular para oponerse.

Hay, por ejemplo, una influencia que se hace cada día más fuerte, sin ser mencionada nunca en los periódicos, porque además resulta ininteligible para la gente que piensa como aquellos. Se trata del retorno de la filosofía tomista, que es la filosofía del sentido común, si se la compara con las paradojas de Kant, Hegel y los pragmáticos. La religión romana es, en el sentido literal del término, la única religión racional. Las demás religiones no son racionales, sino relativistas, pues declaran que la razón es en sí misma relativa y no es digna de confianza, que el ser es el devenir, o que todo tiempo es una transición; dicen que dos y dos suman cinco en las estrellas fijas, que en metafísica y moral hay un bien que está más allá del bien y del mal. En lugar del materialista que dijo que el alma no existe, tendremos con nosotros a los nuevos místicos que dirán que el cuerpo no existe.

XIX

Ciertamente hay una dura simplicidad en algunas cosas del Oriente que resulta tan cru-

da como arcaica. Una palmera es muy parecida a un árbol garrapateado por un niño; o por
un artista muy futurista. Aun una pirámide es
como una figura matemática dibujada por un
maestro enseñando a los niños; y su propia al-
tivez es la de una última abstracción platónica.
Hay algo curiosamente simple en la manera en
que han sido moldeados esos colosales crista-
les de las antiguas arenas. Es solamente cuando sentimos este elemento, no solo de simplicidad, sino también de crudeza y en cierto
sentido de novedad, que podemos comenzar a
entender tanto la inmensidad como la insufi-
ciencia de ese poder que vino del desierto, la
gran religión de Mahoma (...).

En el rojo círculo del desierto, en el lugar
oscuro y secreto, el profeta descubre las cosas
obvias. No lo digo desdeñosamente, porque
las cosas obvias son fáciles de olvidar; y por
cierto todas las civilizaciones más elevadas
decayeron por olvidarse de las cosas obvias.
Pero es cierto que, en una soledad tal, el hombre tiende a tomar ideas muy simples como si
fueran enteramente nuevas. Hay un amor a la
concentración que proviene de la falta de comparación. El hombre solitario mirando la palmera solitaria ve las verdades elementales de la
palmera; y las verdades elementales son muy
esenciales. Así ve que a pesar de que la palme-

ra sea un diseño muy simple, él no la ha diseñado. Puede parecer un árbol dibujado por un chico, pero él no es ese chico que pudo dibujarlo. No tiene poder sobre ese mágico pizarrón donde las cosas toman vida, o esa mágica tiza verde de la que pueden crecer líneas verdes. Ve inmediatamente que hay un poder en acción en cuya presencia tanto él como las palmeras son como niños pequeños. En otras palabras, es suficientemente inteligente como para creer en Dios; y el musulmán, el hombre del desierto, es suficientemente inteligente como para creer en Dios. Pero a su creencia le falta esa humana complejidad que proviene de la comparación. El hombre que mira una palmera se da cuenta del simple hecho de que Dios la hizo, mientras que el hombre que mira un poste de alumbrado en una gran ciudad moderna puede persuadirse mediante cien circunloquios sofísticos de que él mismo es su creador. Pero el hombre del desierto no puede comparar la palmera con el poste de alumbrado, ni siquiera con todos los otros árboles que pueden ser más dignos de ser mirados que el poste de alumbrado. Por lo tanto, su religión, a pesar de ser verdadera, no tiene la variedad y la vitalidad de las iglesias diseñadas por hombres que caminaban en los bosques y las huertas. Hablo aquí del tipo musulmán de religión, y no del tipo oriental de ornamento, que es mucho más antiguo. Pero aun el tipo oriental de ornamento, admirable como a menudo lo es, es al ornamento de una catedral gótica lo que un bosque petrificado frente a una foresta llena de pájaros. En síntesis, el hombre del desierto tiende a simplificar demasiado y a tomar su primera verdad como la última. Y así como sucede con la religión, lo mismo acontece con la moral. El que cree en la existencia de Dios, cree en la igualdad de los hombres. Ha sido uno de los méritos de la fe musulmana el haber sentido a los hombres como hombres, y no haberse mostrado incapaz de darles la bienvenida a hombres de diferentes razas. Pero en esto, nuevamente, fue tan duro y crudo, que su propia igualdad era más un desierto que un campo trabajado. Su propia humanidad era inhumana.

Pero este sentimiento humano, a pesar de ser rudimentario, es muy real. Cuando un hombre en el desierto se encuentra con otro hombre, es realmente un hombre; el proverbial bípedo implume. Es una forma absoluta y elemental, como las palmeras o la pirámide. El descubridor no se detiene a considerar a través de qué pasos puede haber evolucionado desde un camello. Cuando un hombre es un simple punto en la distancia, el otro hombre no le grita para preguntarle si tiene educación universitaria, o si está seguro de ser puramente teutónico sin mezcla de celta o íbero. Un hombre es un hombre; y un hombre es algo muy importante. Hay algo en la moral musulmana que la redime al enfrentarla contra una montaña de crímenes: un considerable depósito de sentido común. Y el primer hecho del sentido común es el lazo común entre los hombres (...).

Pero de nuevo aquí lo obvio es para él un límite tanto como una luz. No le permite, por ejemplo, nada fino o sutil en el sentimiento del sexo. El islam afirma admirablemente la igualdad de los hombres; pero es la igualdad de los varones. Nadie puede negar que una noble dignidad es posible aun en los más pobres, si ha visto a los árabes llegando desde el desierto a las ciudades de Palestina o de Egipto. Nadie puede negar que hombres cuyos harapos le cubren las espaldas pueden comportarse de un modo adecuado a los reyes o profetas de las grandes narraciones de la Escritura. Nadie puede sorprenderse de que tantos excelentes artistas se hayan deleitado dibujando tales modelos del natural, y utilizado estudios tomados de la realidad para ilustrar el Antiguo y el Nuevo Testamento. En el camino de El Cairo, uno puede ver veinte grupos exactamente iguales a las pinturas de la Sagrada Familia en la huida a Egipto, pero con una única diferencia. El hombre es el que cabalga en el asno.

En Oriente, es el hombre el que es digno y hasta ceremonial. Posiblemente esa es la razón por la que lleva faldas. Señalé hace mucho tiempo que las faldas, que algunos consideran un ropaje para la humillación de la mujer, son en realidad el único ropaje posible para la magnificencia de los hombres, cuando desean ser algo más que hombres. Son usadas por los reyes, los sacerdotes y los jueces. El varón musulmán, especialmente dentro de su propia familia, es el rey, el sacerdote y el juez. Yo no digo meramente que es el amo, como muchos dirían del varón en muchas sociedades occidentales, especialmente las sociedades simples que se gobiernan a sí mismas. Quiero decir algo más; quiero decir que no solamente tiene el reino y el poder, sino también la gloria, y aun algo como si fuera el encanto. Quiero decir que no solo tiene el rudo liderazgo que a veces concedemos a los hombres, sino la especial forma de belleza social y majestad que generalmente esperamos solamente de las mujeres (...).

El islam era un movimiento, y por eso ha cesado de moverse. Porque un movimiento solo puede ser un estado de ánimo. Puede ser un movimiento muy necesario, surgido de un muy noble estado de ánimo; pero tarde o temprano encontrará su nivel en una filosofía más amplia, y será equilibrado con otras cosas. El islam fue una reacción hacia la simplicidad; fue una violenta simplificación, que se convirtió en un simplismo. Stevenson escribió en alguna parte una de sus frases perfectamente escogidas para un cabeza hueca: que no tiene ningún pensamiento para frotarlo contra otro mientras espera el tren. El musulmán tiene un solo pensamiento, y uno muy vital: la grandeza de Dios que iguala a todos los hombres. Pero el musulmán no tiene un pensamiento para frotarlo contra otro, porque realmente no tiene otro. Es frotando dos cosas espirituales —la tradición y la invención, la substancia y el símbolo— como la mente se enciende. Los credos condenados por su complejidad tienen algo del secreto del sexo: pueden dar a luz pensamientos.

XX

La autoridad de los gobernantes debe ser respetada y hasta debe ser amada. Los hombres deben amarla en última instancia, porque es posible que en un momento dado tengan que morir por ella. Ninguna comunidad, ningún sistema constitucional puede sobrevivir y conservar su identidad, si sus miembros no se sienten lo suficientemente identificados con él, de modo que en momentos extremos de peligro lo consideren digno de ser salvado. Los Estados dependerán de la existencia de ese ideal cuando haya una lucha a vida o muerte. Los hombres deben apreciar de Inglaterra algo más que su espíritu comercial; de Francia algo más que el espíritu práctico y cuidadoso del dinero nacional; de Estados Unidos algo más que el hecho de que sea un país monstruosamente rico, para que sea posible que un ser humano saludable y de buen humor mate o resulte muerto por alguien, y abandone el sol y los amores de este mundo por defender semejante abstracción. Porque podría darse el caso de que la teoría más práctica fracasara en el momento más práctico. Es una abstracción útil cuando el problema es si la Commonwealth debe continuar siendo rica o seguir siendo un imperio, o acaso mantenerse como un monopolio. Pero la abstracción es inútil cuando la decisión que ha de tomarse es si debe seguir existiendo. El Estado materialista, cimentado solamente con dinero, como si fuera barro o cemento, se desmoronará bajo el golpe de cualquier pueblo que sienta amor o lealtad hacia sus dirigentes o su causa, por la simple razón de que los que se preocupan más por el dinero se preocupan mucho más todavía por sus vidas. Nos pueden desagradar el fascismo italiano, el aguerrido nacionalismo de los polacos o el profundo catolicismo de los irlandeses, pero no hay duda de que tienen ideales que pueden ser idealizados. Son concepciones con las que se puede llevar a los hombres a un arrebato de sacrificio. Las imágenes con las que son presentados al mundo, especialmente al de sus adoradores, el águila de oro o plata, la coraza de san Patricio, el saludo romano, son cosas que en la práctica elevan el corazón, y fueron pensadas para que lo elevaran. En pocas palabras, en esas abstracciones hay poesía, y la poesía es la cosa más práctica del mundo.

Si los nuevos imperialistas insisten en hablar de todo en términos de caja y contabilidad, si insisten en llamar fusión a la opción imperial, como hizo lord Beaverbrook, si se empeñan en comparar una elección general con una asamblea de accionistas, como hizo el señor Amery, sin duda familiarizarán a la gente con su gobierno, y en un cierto sentido los harán sentirse cómodos, pero no más capaces de amarlo que de amar una inversión desafortunada. Vendrá el tiempo en el que su existencia dependerá del poder que ejerza sobre la imaginación, y entonces solo habrá dignidad o muerte.

Y esa dignidad tampoco provendrá tan solo de un aislamiento imperial que parece preguntar simplemente: «¿Cómo podemos pensar en continentes sin pensar en los Continentes?».

XXI

El caso de España

La reciente historia política de España nunca ha sido aclarada por la prensa inglesa, quizá ni siquiera en los diarios católicos. Es un asombroso ejemplo de lo mucho que ha cambiado el mundo desde que tuvo lugar mi propio y más importante cambio de convicciones. En la historia de cada conversión hay una paradoja, y quizá por eso los testimonios de los conversos nunca son satisfactorios del todo. En lo más profundo, la conversión es la extinción del egoísmo, y sin embargo cualquier relato que se haga de ella debe sonar a testimonio egoísta. Significa, al menos para la religión de la que estamos hablando, el reconocimiento de una realidad que no tiene nada que ver con el relativismo. Es como si alguien dijera: «Esta posada existe, aunque nunca la haya encontrado» o «mi hogar está en ese pueblo, y se encontraría allí aunque nunca lo hubiese pisado».

La conversión es reconocimiento de que la verdad es independiente del que la busca. Y sin embargo su descripción deberá ser la autobiografía de un buscador de la verdad, quien por lo general es un tipo de persona más bien deprimente. Sonará, por lo tanto, a cosa egoísta que inicie estas reflexiones diciendo que he sido por largo tiempo un liberal, en el sentido de que pertenecía al Partido Liberal. Todavía lo soy; en eso no he cambiado, ha sido el Partido Liberal el que ha desaparecido. Creo que su ideal es el de la igualdad ciudadana y la libertad personal, y estas siguen siendo mis ideas políticas hoy. Lo cierto es que trabajé durante largo tiempo con la organización política del liberalismo; escribí durante una gran parte de mi vida para el *Daily News*, y por supuesto identificaba la libertad política, con razón o equivocadamente, con el gobierno representativo (...).

Recordemos, en primer lugar, que la Iglesia siempre está adelantada con respecto al mundo. Por eso se suele decir que está más allá del tiempo. Discutió sobre todas estas cuestiones hace tanto tiempo, que la gente las ha olvidado. Santo Tomás fue internacionalista mucho antes de que existieran nuestros internacionalistas; san Juan fue nacionalista antes de que existieran las naciones. San Roberto Bellarmino dijo todo lo que se puede decir sobre la democracia antes de que ningún escritor se atreviera a ser democrático; y (lo que viene muy a propósito aquí) la reforma social cristiana estaba en plena actividad antes de que estallara ninguna de las actuales trifulcas entre fascistas y bolcheviques. El Partido Popular estaba poniendo en práctica las ideas de León XIII antes de que se hubiera visto a un solo camisa negra en toda Italia. Y esas mismas ideas populares estaban en movimiento en España, donde se habían vuelto realmente populares. Había otras complicaciones, por supuesto; la corona nunca había sido completamente popular; la dictadura no se había sabido enfrentar, según pienso, con el curioso problema de Cataluña; pero todo esto no afectaba el profundo y popular cambio católico que estaba en marcha. El Papa insistió en que no tenía ninguna objeción que poner a la República como tal; solo se oponía a ciertos ideales inhumanos, por los que los hombres pierden su humanidad al perder la libertad y la propiedad. En este debate intelectual perfectamente limpio y abierto, en el cual se supone que creen los liberales, ganaron los ideales católicos. En una elección totalmente pacífica y legal, como cualquier elección inglesa, una vasta mayoría votó en distintos grados a favor de las verdades tradicionales, que habían sido las ideas normales en la nación durante más de mil años. España habló, si se puede decir que las elecciones hablan, y se declaró en contra del comunismo y del ateísmo, en contra de la negación que ha asolado la normalidad en nuestro tiempo. Nadie pudo decir que esta mayoría había sido alcanzada por la violencia militar, porque nadie pretendió que una minoría armada se impusiera sobre el Estado. Si la teoría liberal de las mayorías parlamentarias era justa, el resultado era justo. Si el sistema parlamentario era un sistema popular, el resultado era popular.

Pero entonces los socialistas saltaron e hicieron exactamente todo aquello por lo cual se condenaba al fascismo. Usaron bombas, cañones y violencia para impedir que se cumpliera la voluntad del pueblo, o al menos la del Parlamento. Habiendo perdido con las reglas de juego de la democracia, trataron de ganar usando las reglas de la guerra, en este caso, la guerra civil. Intentaron derrocar al Parlamento mediante un golpe de Estado militar. En síntesis, se comportaron exactamente igual que Mussolini; o más bien llevaron a cabo lo peor que jamás haya sido atribuido a Mussolini. Y sin un átomo de excusa teórica para hacerlo. ¿Qué dijo el liberalismo? ¿Qué dijeron mis queridos y viejos amigos de la libertad y la ciudadanía pacífica? Al abrir el periódico, yo daba por hecho, naturalmente, que se volcarían en la defensa del Parlamento y el gobierno pacífico y representativo, y que condenarían el intento de una minoría de dominar a todos por medio de la mera violencia militar. Imaginen ustedes cuál fue mi asombro cuando vi que los liberales se lamentaban amargamente del infortunado fracaso de esos *socialistoides* fascistas en su intento de revertir el resultado de unas elecciones generales. Yo había sido liberal en los viejos días del liberalismo; había padecido las victorias conservadoras y unionistas en las elecciones. Muchas veces tuvimos que pasar, más o menos contentos, a la oposición. Nunca se sugirió, cuando Balfour o Baldwin ocuparon el puesto de primer ministro, que todos los no conformes deberían salir a la calle con cañones y bayonetas para cambiar el voto popular. Tampoco el líder de la oposición se dedicó a lanzar dinamita al líder del Parlamento.

La única conclusión es que el liberalismo solo se opone a los militares cuando son fascistas y aprueba enteramente a los fascistas mientras sean socialistas. Este comportamiento quizá sea un dato pequeño y puramente político, pero para mí fue revelador. Me hizo ver con toda claridad la verdad fundamental del mundo moderno, que no hay fascistas, no hay socialistas, no hay liberales, no hay parlamentaristas. Existe una única institución suprema, inspiradora y a la vez irritante en el mundo. Y ellos son sus enemigos. Están preparados para defender la violencia u oponerse la violencia, para luchar por la libertad o contra la libertad, por la representación o contra la representación. Y hasta por la paz o en contra de la paz. Este caso me dio una certeza enteramente nueva, incluso en el sentido político práctico: mi elección había sido buena.

CAPITALISMO, DISTRIBUTISMO, REFORMA SOCIAL

XXII

La proposición general, no siempre fácil de definir minuciosamente, de que el reinado del capitalista será el reinado del canalla —esto es, de aquel tipo sin refinación, que no es ni ciudadano ni caballero— puede estudiarse de manera excelente en su actitud hacia las fiestas. El empresario emblemático de hoy, especialmente el empresario modelo (que es el peor tipo), tiene en su corazón hambriento y malvado un odio sincero hacia las fiestas. No quiero decir que quiera necesariamente que todos sus trabajadores trabajen hasta que se desmayen; eso solo ocurre cuando además de malvado es imbécil. Tampoco quiero decir que sea necesariamente reacio a conceder lo que él llamaría «un horario laboral decente». Puede tratar a los hombres como el suelo que pisa; pero, si quiere hacer dinero, incluso del suelo, hay que dejar el terreno en barbecho, con una rotación de descanso. Puede tratar a los hombres como perros, pero, a no ser que sea un loco, dejará, al menos por un rato, dormir al perro.

Pero las horas humanas y razonables para el trabajo no tienen nada que ver con la idea de las fiestas. No es siquiera una cuestión de días de diez horas u ocho horas; no es cuestión de quitar el tiempo de asueto necesario para la comida, el sueño y el ejercicio. Si el empresario moderno llegase a la conclusión, por alguna razón, de que puede sacar más productividad de sus hombres poniéndoles a trabajar duro por solo dos horas al día, su actitud mental seguiría siendo ajena y hostil hacia las fiestas. Porque su actitud mental es que tanto el tiempo pasivo como el tiempo activo son útiles para él y su negocio. Todo para él es maíz para el molino, incluido los molineros. Sus esclavos le sirven en su inconsciente como los perros aún cazan en sueños. Su maíz lo muelen no solo con las ruidosas ruedas de hierro, sino también las silenciosas de sangre y cerebro. Sus bolsas se siguen llenando silenciosamente cuando las puertas están cerradas en las calles y el sonido del molino es bajo.

La gran fiesta

Una fiesta no tiene nada que ver con utilizar a un hombre pegándole o dándole de comer. Cuando le das a un hombre una fiesta, le devuelves el cuerpo y el alma. Es posible que le estés haciendo un mal (aunque él casi nunca lo verá así), pero eso no afecta a la cuestión para aquellos que consideran que una fiesta es algo que santificar, algo santo. La inmoralidad es la gran fiesta, y una fiesta, como la inmoralidad en las viejas teologías, es un privilegio de doble filo. Pero donde sea genuino, será simplemente la restauración y plenitud del hombre. Si la gente mirase a la palabra impresa bajo sus ojos, la palabra «recreación» sería como la palabra «resurrección», el clamor de una trompeta.

Un hombre meramente necesario es necesariamente incompleto. Especialmente si es un hombre moderno y cuando dice útil quiere decir «utilitario». Cuando un hombre entra en un club moderno, se quita el sombrero; cuando un hombre entra en una fábrica, se quita la cabeza. Luego entra y trabaja con lealtad para la empresa para incrementar el tejido empresarial (cosa que se puede hacer sin cabeza), y cuando sale por el ropero, al igual que el hombre del club, se vuelve a poner la cabeza. Esa es la semilla de la fiesta. Puede decirse que el hombre que se va del club se va en ocasiones con el gorro de otro, y lo mismo puede decirse del hombre que se dejó la cabeza al entrar en la fábrica. Hablar de una mano que perdió su cabeza puede parecerle al quisquilloso una metáfora mixta pero, Dios nos perdone a todos, ¡qué verdad inconfundible! Podríamos probar el caso entero desde la tendencia a referirse a los hombres como «manos» cuando están trabajando; como si la mano estuviese horriblemente amputada, como la mano que te hace pecar: como si, mientras el pecador entra herido en el cielo, su mano infeliz siguiera trabajando acumulando riqueza para los señores del infierno. Pero volviendo al hombre que busca su cabeza en el ropero, se puede decir que podría equivocarse de cabeza, como se equivoca uno de sombrero, pero aquí acaba la similitud. Porque los espectadores benevolentes del drama de la vida han observado que el gorro que se coge por error es frecuentemente mejor que el propio; mientras que la cabeza que se lleva uno tras horas de trabajo es ciertamente peor: ensuciada en el cubo de la basura por las telas de araña y el polvo de todos los siglos.

La aventura suprema

Todas las palabras dedicadas a los lugares de comida y bebida son palabras puras y poéticas. Incluso la palabra «hotel» es la palabra hospital. Y san Julián, cuyo clarete bebí esta Navidad, era el santo patrón de los posaderos porque (hasta donde he podido averiguar) era hospitalario para con los leprosos. Con esto no quiero decir que el hostalero ordinario de Piccadilly o de la Avenida de l'Opera abrazarían a un leproso, le darían una palmada en la espalda y le preguntarían qué iba a tomar; pero sí quiero decir que la hospitalidad es la virtud de su oficio. También digo que sería bueno tener ante nuestros ojos la suprema aventura de una virtud. Si eres valiente, piensa en el hombre que sea más valiente que tú. Si eres bueno, piensa en el hombre que sea mejor que tú.

Eso es lo que se quería decir con el santo patrón. Era el vínculo entre el santo pobre que recibía leprosos corporales y el propietario del hotel que (como regla) recibe leprosos espirituales. Pero una palabra más débil que la palabra «hotel» ilustra el mismo punto —la palabra «restaurante»—. Aquí de nuevo tenemos la prueba de que hay un edificio o estatua particular que restaurar; esa imagen imborrable del hombre que algunos llaman la imagen de

Dios. Y esta es la fiesta; el restaurante o cosa restauradora que, por un golpe de magia, convierte a un hombre en sí mismo.

XXIII

En cualquier doctrina seria sobre el destino de los hombres hay algún vestigio de la doctrina de la igualdad de los hombres. Pero el capitalista realmente depende de una religión de la desigualdad. El capitalista debe distinguirse de la raza humana; debe estar obviamente por encima de ella —o estaría obviamente por debajo—. Tomemos incluso la parte menos atractiva y popular de las grandes religiones de hoy; tomemos las meras prohibiciones del islam, del ateísmo o del catolicismo. El veto musulmán contra el alcohol alcanza a todas las clases. Pero para el capitalista (que preside una Comisión de Licencias y también una gran cena), es absolutamente necesario para hacer la distinción entre la ginebra y el champán. La negación atea de los milagros cruza todas las clases. Pero es absolutamente necesario para el capitalista distinguir entre su mujer (que es aristócrata y consulta videntes de bolas de cristal y estrellas en West End) y los milagros vulgares que proclaman los gitanos o prestidigitadores ambulantes. La prohibición católica de la usura, definida en concilios dogmáticos, cruza todas las clases, pero es absolutamente necesario para el capitalista distinguir delicadamente entre dos tipos de usura: las que encuentra útiles y las que no. La religión del Estado Servil no debe tener dogmas o definiciones. No se pueden permitir definiciones. Porque las definiciones son cosas horribles: hacen las dos cosas que la mayor parte de los hombres, especialmente los cómodos, no pueden soportar: pelean y pelean limpio.

Toda religión, fuera de la adoración abierta al demonio, debe hacer referencia a alguna virtud o pretensión de virtud. Pero una virtud, hablando en general, aporta algún bien a todos. Es, por tanto, necesario distinguir entre la gente a quienes pretende beneficiar y aquellos a quienes beneficia. La moderna apertura de mente beneficia a los ricos y a nadie más. Está pensada para beneficiar a los ricos y a nadie más. Y, si crees que esto es injustificado, pongo ante ti una pregunta. Hay algunos placeres de los pobres que también significan beneficios para los ricos: hay otros placeres de los pobres que no suponen beneficio para los ricos. Mira este contraste y podrás ver la creación entera de una esclavitud cuidadosa.

Al final las dos cosas llamadas cerveza y jabón acaban en espuma. Ambas están por debajo de la atención de una religión verdadera. Pero hay una diferencia: el jabón hace una fábrica más satisfactoria y la cerveza simplemente hace un trabajador más satisfecho. Espera a ver si el jabón no aumenta y la cerveza decae. Espera a ver si la religión del Estado Servil no es en todo caso lo que digo: el apoyo a las pequeñas virtudes que apoyan el capitalismo y la negación de las grandes virtudes que se rebelan contra él. Muchas grandes religiones, paganas y cristianas, han insistido en el vino. Solo una, creo, ha insistido en el jabón. La encontrarás en el Nuevo Testamento atribuida a los fariseos.

XXIV

El hecho clave en el desarrollo de la plutocracia es que utilizará sus propios fallos como excusa para crímenes posteriores. Por todos lados, la extensión del empobrecimiento será razón para la esclavitud; aunque los hombres empobrecidos fueran los mismos que ahora son esclavos. Es como si el ladrón de caminos no solo le robara el caballo al caballero junto con todo su dinero, sino que también le entregara a la policía por vago y maleante. Y el hecho más monstruoso de esta inmensa maldad se nota en el énfasis de la plutocracia en la ciencia, o más bien la pseudociencia, que llaman eugenesia.

Los eugenistas captan la atención de los grupos vagamente humanitarios, diciendo que las «condiciones» presentes bajo las cuales trabaja y se reproduce la gente son malas para la raza; pero la mente moderna no se extiende al razonar, en general, más allá de un paso, y la consecuencia que parece seguir de la consideración de estas «condiciones» no es la que uno se esperaría. Si alguien dice: «Una cuna endeble hace un bebé endeble», la deducción natural, uno pensaría, es que hay que dar buenas cunas a la gente o darles suficiente dinero como para comprarlas. Pero eso significaría sueldos más altos y una distribución más equitativa de la riqueza; y el científico plutócrata, con expresión algo turbada, vuelve los ojos y los quevedos en otra dirección. En pocas palabras, su dificultad es esta y simplemente esta: más comida, tiempo de asueto y dinero para el trabajador querrá decir un mejor trabajador, mejor incluso desde el punto de vista de aquel para quien trabaje. Pero más comida, tiempo de asueto y dinero también significará un trabajador más independiente. Una casa con un fuego decente y una despensa llena sería una casa mejor para hacer una silla o arreglar un reloj, incluso desde el punto de vista del cliente, que una choza con goteras y una chimenea fría. Pero una casa con un fuego decente y una despensa llena también sería una casa mejor para negarse a hacer una silla o arreglar un reloj —una casa ideal para no hacer absolutamente nada— y no hacer nada es, en ocasiones, uno de los deberes más elevados del hombre. Todos menos los más duros de corazón estarán angustiados por el triste dilema del hombre rico, que tiene que mantener al pobre lo suficientemente fuerte como para hacer el trabajo y lo suficientemente enclenque como para tener que hacerlo. Mientras que contemplaba pensativo el techo con goteras y la cuna endeble, se le ocurrió un día una idea nueva y curiosa, una de las ideas más extrañas, simples y horribles que hayan surgido jamás de las profundidades del pecado original.

El techo no podría arreglarse, por lo menos no podría arreglarse sin estorbar el equilibrio capitalista o, más bien, la desproporción en la sociedad. Pues un hombre con un techo es un hombre con casa, y en cierta medida su casa es su castillo. No se podría hacer una cuna más fácil de mecer sin fortalecer las manos del pobre hogar, pues la mano que mece la cuna rige el mundo —en cierta medida—. Pero se le ocurrió al capitalista que había un mueble en la casa que podía ser alterado. Podría cambiar al marido y la mujer. El nacimiento no cuesta nada, salvo dolor y valor y esas antiguallas; y el mercader no tiene que pagar más por juntar a un minero fuerte y una pescadora fuerte de lo que paga cuando es el propio minero el que osa juntarse con una hembra menos robusta pero a la que él prefiere por razones sentimentales. Por tanto, sería posible, manteniendo ciertas normas de cruce, obtener alguna mejora física sin ninguna mejora moral, política o social. Puede ser posible mantener una fuente abundante de esclavos fuertes y saludables sin estropearlos con condiciones decentes. Si bien los molineros utilizan el viento y el agua para mover sus molinos, ellos utilizarán esta otra fuerza natural como algo más barato aún; moverán sus ruedas desviando la sangre de un hombre en su juventud. Esto es lo que quiere decir la eugenesia; esto y solo esto.

Del estado moral de aquellos que se plantean estas cosas no nos toca hablar. La cuestión práctica es más bien la intelectual: si sus cálculos están bien fundamentados y si los hombres de ciencia pueden garantizar o garantizarán cualquier certidumbre física. Por fortuna, se hace cada vez más claro que construyen, científicamente hablando, sobre arena. La teoría de criar esclavos se rompe con lo que los demócratas llaman la igualdad de los hombres, y que incluso un oligarca se ve obligado a llamar la similitud de los hombres. Aunque no es cierto que todos los hombres son normales, es abrumadoramente cierto que la mayor parte de los hombres sí lo son. Los argumentos comunes para la eugenesia se toman de casos extremos en los que, incluso si el honor y la risa humana permitiesen su eliminación, no afectarían por ello a la masa. Por lo demás, aún queda una debilidad enorme en la eugenesia. Y es que, si el juicio o la libertad del hombre ordinario no debe tenerse en cuenta en relación con la procreación, el juicio de los jueces tampoco debe tenerse en cuenta en relación con la suya propia. El profesor eugenista puede tener o no acierto escogiendo los padres de un bebé, pero es completamente cierto que no puede acertar escogiendo sus propios padres. Todos sus pensamientos, incluidos sus pensamientos eugenésicos, son, por el mismo principio de esos pensamientos, agua de una fuente dudosa o contaminada. Necesitaríamos, en resumen, un hombre sabio perfecto para llevarlo a cabo y, si fuese un hombre sabio, no lo haría.

XXV

Se me ha pedido que vuelva a publicar estas notas, aparecidas en un semanario, como esquema general de ciertos aspectos de la institución de la propiedad privada, ahora tan completamente olvidada en medio de los alborozos periodísticos sobre la empresa privada. El hecho mismo de que los editores hablen tanto acerca de la última y tan poco acerca de la primera señala el tono moral de la época. Es evidente que el carterista es un defensor de la empresa privada. Pero quizá sería exagerado decir que el carterista es un defensor de la propiedad privada. Lo característico del capitalismo y del mercantilismo, según su desarrollo reciente, es que en realidad predicaron la extensión de los negocios más que la preservación de las posesiones. En el mejor de los casos han tratado de adornar al carterista con algunas de las virtudes del pirata. Lo característico del comunismo es que reforma al carterista prohibiendo los bolsillos (...).

El socialismo es un sistema que hace a la unidad colectiva de la sociedad responsable de todos sus procesos económicos, o de todos aquellos que afectan a la vida y la subsistencia esencial. Si se vende algo importante, lo ha vendido el Gobierno; si se ha donado algo importante, lo ha donado el Gobierno; cuando se tolera algo importante, el Gobierno es responsable por haberlo tolerado. Es el mismísimo reverso de la anarquía: es un entusiasmo extremado por la autoridad. Es digno, en muchos aspectos, de la jerarquía moral de la inteligencia; es la aceptación colectiva de una responsabilidad muy acabada. Pero es tonto que los socialistas se lamenten de que digamos que acarrea una pérdida de la libertad. Es casi igualmente tonto que los antisocialistas se lamenten de la brutalidad antinatural y desequilibrada del Gobierno bolchevique al aplastar toda oposición política. Porque allí es el Gobierno quien provee de todo; y es absurdo pedir al Gobierno que provea una oposición.

No se puede acudir al sultán y reprocharle: «No ha arreglado las cosas para que su hermano lo destrone y se apodere del califato». No se puede pedir al rey medieval: «Tened la bondad de prestarme dos mil lanzas y mil arqueros, pues quiero rebelarme contra vos». Menos aún puede reprocharse a un Gobierno que pretende construirlo todo el que no haya construido nada para derribar lo construido. La oposición y la sublevación dependen de los bienes y de la libertad. Solo puede ser tolerada allí donde se ha permitido que echen raíces otros derechos aparte del derecho central del gobernante. Esos derechos deben estar protegidos por una moralidad que hasta el gobernante vacilará en desafiar. El crítico del Estado solo puede existir cuando un sentido religioso del derecho protege sus pretensiones de un arco y una lanza propios; o, por lo menos, de tener su propia pluma o su propia imprenta. Es absurdo suponer que podría tomar prestada la pluma real para abogar por el regicidio o utilizar las imprentas del Gobierno para revelar la corrupción de este. Sin embargo, el socialismo afirma enfáticamente que, a menos que todas las imprentas sean imprentas del Estado, existe la posibilidad de que los impresores sean oprimidos. La justicia del Estado lo abarca todo, es como poner todos los huevos en el mismo cesto: muchos serán huevos podridos.

XXVI

Existe algo así como lo que llamaríamos un distributismo ideal, aunque no debemos esperar que en este valle de lágrimas el distributismo sea ideal. En el mismo sentido, es cierto que hay algo así como un comunismo ideal. Pero no existe nada semejante al capitalismo ideal, y no hay nada parecido a un ideal capita lista. Como ya hemos señalado (aunque no se ha señalado con suficiente frecuencia), cuando el capitalista se convierte en idealista, y especialmente cuando se convierte en sentimental, habla siempre como un socialista. Habla siempre de «servicio social» y de nuestros intereses comunes en la comunidad total. De esto se sigue que, en la medida en que sea probable que semejante hombre tenga algo así como una utopía, esta será del estilo de la utopía socialista. El financiero triunfador puede tolerar un mundo imperfecto, tenga o no la cristiana humildad de reconocerse como una de sus imperfecciones. Pero si tiene que concebir un mundo perfecto, ese mundo será algo a la manera del Estado modelo de los fabianos o los miembros del Partido Laborista. Buscará algo sistematizado, algo simplificado, algo que esté todo en el mismo plano. Y no lo encontrará; al menos no lo recibirá de mí. De esa simplificación y de esa monotonía es exactamente de lo que ruego que se me salve, y estaría orgulloso si yo pudiera salvar a alguien de ello. En nombre de la libertad pido que se nos salve precisamente de ese orden y de esa igualdad.

No ofrecemos la perfección, sino la proporción. Deseamos corregir las proporciones del Estado moderno; pero la proporción se da entre cosas diversas, y una proporción casi nunca es un molde. Es como si estuviéramos dibujando el retrato de un hombre y ellos creyeran que estábamos dibujando un diagrama de poleas y barras para la construcción de un robot.

No proponemos que en la sociedad sana toda la tierra se ocupe de la misma manera, ni que todo bien sea poseído en las mismas condiciones, ni que todos los ciudadanos deban tener la misma relación con la ciudad. Todo lo que sostenemos es que el poder central necesita poderes menores que lo contrapesen y refrenen, y que estos han de ser de muchas clases: algunos individuales, algunos comunales, algunos oficiales, etc.

Tal vez algunos de ellos abusen de su privilegio, pero preferimos ese riesgo al del Estado o el trust que abusa de su omnipotencia (...).

Es verdad que los monasterios están entregados al comunismo y que todos los monjes son comunistas. Su vida económica y ética es una excepción en una civilización general de feudalismo o vida familiar. No obstante, su situación privilegiada era considerada más bien como un puntal del orden social. Dan a algunas ideas comunales su lugar adecuado y proporcionado dentro del Estado; y algo de eso mismo era verdad en la tierra común. Deberíamos dar buena acogida a la oportunidad de permitir a cualquier gremio o grupo de un color comunal su lugar adecuado dentro del Estado; estaríamos perfectamente dispuestos a considerar parte de la tierra como tierra común. Lo que decimos es que nacionalizar simplemente toda la tierra sería como hacer que todo el mundo fuera monje; es dar a aquellos ideales un lugar mayor que el adecuado y proporcionado dentro del Estado. Por lo general, el comunismo no tiene intención de que algunas personas se hagan comunistas, sino de que todas lo sean. Pero no diríamos, en el mismo sentido estricto y literal, que la intención del distributismo es que todos sean distributistas. Por cierto, tampoco diríamos que el designio del Estado labriego es que todos sean labradores. Pretenderíamos que tuviera el carácter general de un Estado labriego; que la tierra estuviera en gran parte ocupada en esa forma y la ley generalmente dirigida con ese espíritu; y que cualesquiera otras instituciones se mantuvieran como excepciones que pueden ser reconocidas, como puntos sobresalientes en esa alta meseta de igualdad.

XXVII

Estos dos interesantes caballeros que, juntos, constituyen la personalidad de «D.S.

Windell» merecen más atención de la que recibieron durante el juicio, o de la que probablemente recibirán en sus celdas (...). Sé, como sabe todo el mundo, que las condiciones de la prisión científica no se dan para mejorar a las personas, sino para quitarlas de en medio. De ahí que las almas de los señores Robert y King serán probablemente olvidadas; y que se harán muchos menos esfuerzos para curar sus faltas del que harían sus amigos y familiares si se les permitiera quedarse fuera (...).

Pero volvamos a ocuparnos de esos bellos objetos que son las almas de los señores Robert y su compañero. Tienen una gran significación para nuestro tiempo, porque a diferencia de otros delitos, su delito señala no solo una revuelta moral, sino intelectual. Ambos formularon alegaciones que se basaban en ciertas emociones e ideas modernas, de las que hemos oído hablar mucho en obras de teatro, novelas y periódicos. Robert apeló a una pura sensación de aventura; insinuaba que actuó movido por el mismo tipo de impulso que mueve a un cierto tipo de hombre, político o pirata, que hace incursiones frente a un imperio o se apodera de una isla en el Pacífico. Un aventurero en el sentido más noble y más bajo del término. Afirmó ser un imperialista, el tipo de hombre que ha hecho a nuestra Inglaterra lo que es en la actualidad. Como otros que realizan parecidas afirmaciones, parece que él es de extracción oriental, y que es nómada por naturaleza y reacio a todas las obligaciones que derivan de las raíces. Cuando un chico de la calle, de los que de verdad pasa hambre, roba una manzana, y admite que ha leído novelas baratas, estas desafortunadas formas de literatura son denunciadas implacablemente por los jueces y perseguidas en la prensa. Cuando Robert, que no pasaba hambre, robó una enorme suma de dinero y apeló abiertamente al atractivo del aventurero, deberíamos, por pura coherencia, cargarlo en el debe de esas obras modernas y educadas que, en nuestros tiempos, se han pavoneado ante la imaginación de las locuaces clases medias y de esa poesía de las finanzas locas. Los jueces deberían pronunciarse implacablemente frente al Sr. Rudyard Kipling y al Sr. Cutcliffe Hyne. Si una novelilla barata lleva al robo de una manzana, una novela de tapa dura probablemente conducirá al robo de algo notablemente más caro.

El Sr. King pertenece al tipo contrario, al tipo representado en nuestras novelas y obras sin aventura; las novelas grises sobre los grises barrios deprimidos, las novelas anodinas sobre suburbios anodinos, todo el intento moderno de hacer arte a partir del mero hecho de la monotonía. Si los libros de la escuela de Kipling son noveluchas del primer tipo de delincuente, los libros de la escuela de Gissing son las noveluchas del otro tipo. Pues este hombre se justificaba diciendo sencillamente que ya no podía tolerar la agobiante monotonía de sus ocupaciones; que estar moviendo enormes sumas de dinero pero cobrando un magro salario era demasiado, no solo para su consciencia, también para sus nervios. Algo en su alma se había quebrado. A estos dos tipos los tenemos en todos nuestros libros modernos, y estamos muy orgullosos de ellos: ahora nos toca ver si nos gustan en la vida real (...).

¿Cuál sería la cura de ambos? O ¿acaso hay cura alguna? Una cura aproximada existe, pero ha sido tan rechazada que la gente la considera una paradoja. Un amigo se reía de mí en un libro reciente por decir que las farolas son poéticas. Las cosas corrientes, las botas que llevo puestas o la silla en que estoy sentado, una vez que llegamos a comprenderlas, pueden satisfacer a la más gigantesca de las imaginaciones. No puedo evitar aferrarme con terca simplicidad a esta postura. Las botas que llevo son, no puedo decir que más bellas que las montañas, pero por lo menos altamente simbólicas en la calle, pues son las botas de uno las que traen buenas noticias. La silla en que me siento es verdaderamente romántica —más aún, es heroica, porque está en perpetuo peligro—. Y no es solo que a las farolas les pertenezca una suave y sentimental asociación, ese bello hecho de que de ellas se colgaba a los aristócratas, o que los ancianos caballeros borrachos se abracen a ellas; las farolas tienen toda la poesía del hombre, pues ninguna otra criatura puede levantar tan alto una llama y conservarla tan bien. Usted podría considerar que todo esto es irrelevante para el caso de los señores King y Robert. Pero entonces cometería un error. Esta doctrina de la visibilidad divina en los objetos domésticos o diarios, esta doctrina de los dioses del hogar, tan antigua que parece nueva, es la única respuesta a los por otra parte, demoledores argumentos de los, señores King y Robert. Nuestro moderno error ha sido, no que hayamos animado la poesía de la aventura que inflamó el alma del Sr. Robert, sino que hemos rechazado también la poesía doméstica y religiosa que podía haber iluminado y aliviado el trabajo del Sr. King. Desde un principio ha habido dos tipos de poesía, la poesía que mira fuera de la ventana y la poesía que mira dentro. Tenemos la canción del cazador que sale por la mañana, cuando la jungla es más encantadora que la cabaña. Y tenemos la canción del cazador que regresa a casa por la noche, cuando la cabaña es mucho más encantadora que la jungla o que el mundo. La primera encuentra su expresión frenética en la literatura moderna; hay un ansia desmesurada por el viaje. Hablamos de los ingleses como si fueran gitanos. Hablamos del Imperio como si fuera una caravana vagabunda; como si el sol nunca se pusiera sobre ella, porque no es capaz de encontrarla. Nuestra literatura ha hecho mucho, ha hecho demasiado, por las aventuras y los aventureros; ha llenado hasta rebosar el alma del oriental Sr. Robert. Pero no ha hecho nada por las necesidades del Sr. King. No ha hecho nada por la piedad, por lo sagrado de las pequeñas tareas y de las obligaciones más inmediatas. Nada hay en la reciente literatura que nos haga sentir que barrer una habitación es maravilloso, como en George Herbert, o que sobre toda olla en Jerusalén haya que escribir «Santo es el nombre del Señor». Solo una imaginación fuerte, quizá, hubiera podido considerar que el trabajo del Sr. King en el banco es poético. Y sin duda, es poético. Si su imaginación hubiese sido lo suficientemente vigorosa, podría, mientras daba curso a tres soberanos de oro, haber pensado que uno serviría para unas vacaciones en las montañas, otro para un anillo de compromiso y otro para el rescate de un pobre frente a una renta excesiva. El Sr. King podría haber entregado los dineros con gestos magnánimos, como si sus manos estuvieran llenas de flores, trigo o finas copas de vino. Podría haber sentido que lo que estaba dando a los hombres eran estrellas y puestas de sol, jardines y buenos hijos. Pero que hubiera sentido eso (a pesar de que es estrictamente cierto) es una exigencia demasiado severa para la imaginación de un individuo. Nada le llevaba a ello. El banco no parecía nada de todo esto. Y los libros que leía en su casa no le ayudaban para nada; porque los libros modernos han abandonado la idea de que pueda haber poesía en las obligaciones. Ahora ya no hace falta recordar que los escritorios son deprimentes y los trenes, feos: hemos creado una sociedad en la que millones de personas se sientan en escritorios y viajan en tren. Así que debemos, o bien producir una literatura y un ritual capaz de mirar los escritorios y los trenes como si fueran arados y barcos, o debemos prepararnos para la irrupción de una clase artística nueva que volará los trenes y los escritorios con dinamita.

XXVIII

Siempre nos están diciendo que el éxito del comercio moderno depende de que se cree una atmósfera, se forme una mentalidad, se tome un punto de vista. En resumen, insisten en que su comercio no es puramente comercial, ni aun económico o político, sino esencialmente psicológico. Espero que continúen diciéndolo: porque quizá entonces, algún día, todos verán de pronto que es cierto.

Porque el triunfo de las grandes tiendas y cosas semejantes es, en realidad, una cuestión de psicología, por no decir psicoanálisis. En otras palabras, una pesadilla. No es real, y por ende no es seguro. Esta cuestión interesa solo a nuestra actitud inmediata, en un momento y un lugar dados, hacia la totalidad de la profesión plutocrática de la cual esa publicidad es estandarte chillón (...).

Niego que la gran tienda sea la mejor, y niego especialmente que la gente vaya a esa porque es la mejor tienda. Y si se me pregunta por qué, respondo al final con el hecho incontestable con el cual comencé. Sé que no es un mero hecho de negocios, por la simple razón de que los mismos hombres de negocios me dicen que es simplemente una cuestión de *bluff*. Ellos son quienes dicen que nada triunfa tanto como una apariencia de triunfo. Ellos son quienes dicen que la publicidad influye en nosotros sin que lo queramos ni lo sepamos. Ellos son quienes dicen que «conviene publicar anuncios»; esto es, dicen a la gente en forma atropelladora que deben «hacerlo ahora», cuando no necesitan en absoluto hacerlo.

XXIX

A mí me parece cosa excelente, en la teoría tanto como en la práctica, que exista un cuerpo de ciudadanos primeramente ocupado en producir y consumir, no en comerciar. Me parece parte de nuestro ideal, y no meramente parte de nuestra obligación, que haya en la comunidad un núcleo de vida sencilla y a la vez completa. Se puede reservar un lugar moderado al comercio y a la variedad, como se le dio en el viejo mundo de ferias y mercados. Pero en alguna parte, en el centro de la civilización, debería haber un tipo que sería verdaderamente independiente, en el sentido de que produciría y consumiría dentro de su propia esfera social. No digo que semejante vida humana completa sea favorable para la humanidad toda. No digo que el Estado necesite solamente al hombre que no necesita el Estado. Pero sí digo que es muy necesario el hombre que satisface sus propias necesidades. Lo digo especialmente porque, a causa de su ausencia en la civilización moderna, esta civilización ha perdido unidad. No es tarea de nadie registrar la totalidad de un proceso, ver de dónde vienen las cosas y a dónde van. Nadie sigue el curso completo y tortuoso del río de la leche en su fluir de la vaca al niño. Ninguno de los que presencian la muerte de un cerdo tiene la obligación de darse cuenta de que el sacrificio del cerdo tiene por fin que se lo coman. Los hombres arrojan calabazas a otros hombres como balas de cañón, pero no las recuperan como *boomerangs*. Necesitamos un círculo social en el cual las cosas vuelvan constantemente a quienes las arrojan, y hombres que sepan el final y el comienzo, y la vuelta completa, de nuestra pequeña vida.

XXX

Antes de iniciar un discurso sobre el problema práctico de la maquinaria, es menester dejar de pensar como máquinas. Es necesario empezar por el principio y considerar el final. Ahora bien, no queremos destruir necesariamente toda especie de maquinaria, pero sí queremos destruir determinada especie de mentalidad. Y es precisamente esa especie de mentalidad que empieza por decirnos que nadie *puede* destruir la máquina. Aquellos que empiezan diciendo que *no podemos* abolir la máquina, que debemos usarla, rehúsan usar la inteligencia.

La meta de la política humana es la felicidad humana. Para los que tienen ciertas creencias, está condicionada por la esperanza de una felicidad mayor, que aquella no debe poner en peligro. Pero la felicidad, la alegría del corazón del hombre, es la prueba secular y la prueba real. Esta prueba, por el talismán del corazón, lejos de ser meramente sentimental, es la única prueba algo práctica. No hay ley lógica ni natural ni ninguna otra que nos obligue a preferir otra cosa. No tenemos obligación de ser más ricos, ni de trabajar más, ni de ser más eficientes, o más productivos, o más progresistas, ni en modo alguno más pegados a las cosas del mundo o más poderosos, si ello no nos hace más felices. La humanidad tiene derecho a renegar de la máquina y vivir de la tierra si en realidad le agrada más, como en realidad cualquiera tiene derecho a vender su bicicleta vieja y marchar a pie si le agrada más. Es evidente que la marcha será más lenta, pero no es su deber ser más rápido (...).

Pues bien, precisamente aquellos que tienen clarividencia suficiente para imaginar la aniquilación perentoria de las máquinas son los que probablemente tienen demasiado sentido común como para destruirlas al instante. Volverse loco y aplastar la máquina es una enfermedad más o menos saludable y humana, como lo era entre los luditas. En realidad, ese fenómeno fue el resultado de la ignorancia de los luditas, en un sentido muy diferente de aquel en que habla despectivamente la estupenda ignorancia de los economistas industriales. Era la rebeldía ciega, contra algún dragón antiguo y terrible, de hombres demasiado ignorantes para saber hasta qué punto era artificial y transitorio ese particular instrumento, o dónde estaba el asiento de los verdaderos tiranos que lo esgrimían. La verdadera respuesta al problema mecánico es hoy de diferente clase; y me referiré a ella una vez aclarados los únicos criterios con los que puede juzgarse. Y habiendo comenzado por el fin debido, que es la única norma espiritual por la cual debe valorarse un hombre o una máquina, empezaré ahora con el otro fin, podría decir que el fin equivocado, pero sería más respetuoso con nuestros amigos prácticos si lo llamáramos el fin comercial (...).

Por el momento dejaré que los progresistas se rían de mi absurdo concepto sobre la limitación de las máquinas, y me iré a una reunión para exigir la limitación de los armamentos (...).

Yo creo que hay algo que decir en pro de la opinión de la cual esta fantasía podría ser una especie de símbolo; en pro de la idea de que una sociedad más sabia trataría finalmente las máquinas como trata las armas, como algo especial y peligroso, y quizá más directamente bajo una fiscalización central. Pero sea esto como fuere, creo que la fantasía más descabellada de un fabricante mantenido a raya como un bárbaro pintado encierra mayor cordura que una alternativa científica seria, como la que ahora se nos presenta con frecuencia. Me refiero a lo que sus amigos llaman el Estado de Comodidad, en el cual todo se hará mediante máquinas. Es justo decir algo, aunque sea solo una palabra, sobre esta propuesta comparándola con la nuestra.

Ya sabemos lo que en la práctica significa un día feriado en un mundo de maquinaria y producción en serie. Significa que un hombre, cuando ha terminado de dar vueltas a una manivela, puede elegir entre los placeres que se le ofrecen. Si quiere, puede leer un periódico y descubrir, interesado, que el príncipe heredero de Fontarabia desembarcó de su magnífico yate Atlantis en medio de una jubilosa multitud; que ciertos millonarios americanos están formando grandes consorcios financieros; que la joven moderna es una criatura deliciosa a pesar de (o debido a) que usa el pelo corto o las faldas cortas; que la verdadera religión, que todos buscamos en las iglesias, consiste en la simpatía y en el progreso social, en casarse, divorciarse y enterrar a todo el mundo sin aludir al significado preciso de la ceremonia. Por otra parte, si el hombre prefiere otra diversión, puede ir al cine, donde verá una escena viva y animada de multitudes que aclaman al príncipe heredero de Fontarabia tras la llegada del yate Atlantis; donde verá una película americana que pinta los rasgos de los millonarios americanos con todas las denodadas contorsiones de rostro que los acompañan cuando forman grandes consorcios financieros; donde no dejarán de ver una heroína encantadora y vivaz, reconocible como la joven moderna por su pelo y falda cortos; y posiblemente un sacerdote manso y bueno (si lo hay) que explica, en una escena muda, con ayuda de algunas frases impresas, que la verdadera religión es la simpatía social y el progreso, y casarse y entregar a la gente a la ventura. Pero si suponemos que los gustos del hombre se apartan del drama y las artes con él emparentadas, tal vez prefiera leer novelas; y no le será difícil encontrar una muy leída que trate de las dudas y tropiezos de un sacerdote manso y bueno que poco a poco descubre que la verdadera religión consiste en el progreso y la simpatía social, con la ayuda de una joven moderna cuyo pelo y falda cortos proclaman su indiferencia ante toda distinción sutil acerca de quién debe ser enterrado y quién debe divorciarse; y probablemente no falte en la novela un millonario americano que forma vastos consorcios, ni, ciertamente, un yate, y hasta es posible que un príncipe heredero. Pero en las actuales condiciones de la publicidad y la búsqueda de diversiones se toman en cuenta también otros gustos. Hay una gran institución de radiocomunicación y difusión; el hombre que tiene un día de descanso, dejando de lado la novela, el periodismo y el drama cinematográfico, puede preferir «escuchar» un programa que contendrá las últimas novedades sobre grandes consorcios formados por millonarios americanos; que probablemente contendrá breves disertaciones sobre cómo puede la joven moderna cortar su pelo o reducir sus faldas; en el cual podrá escuchar la voz de algún gran predicador conocido que proclama ante el mundo esa revelación de que la verdadera religión consiste en la simpatía y el progreso social más que en el dogma y el credo; y en el cual seguramente escuchará el trueno de los vítores que dan la bienvenida a Su Alteza Real el Príncipe Heredero de Fontarabia al desembarcar este de su magnífico yate

Atlantis. De este modo, tiene el hombre ante sí una selección muy esmerada y ordenada en cuestión de diversiones (...).

Si el hombre que busca placeres fuera capaz de proporcionarse a sí mismo un placer, si se lo obligara a que se divirtiera él mismo en lugar de que lo divirtieran; si, en resumen, se lo obligara a sentarse en una vieja taberna y conversar, realmente dudo de que limitara su conversación enteramente al príncipe heredero de Fontarabia, al corte de pelo, a la grandeza de ciertos yanquis ricos y así sucesivamente, para luego empezar a dar vueltas a los mismos temas desde el principio. Sus intereses podrían ser más locales, pero serían más vivos; su experiencia de los hombres sería más personal, pero más variada; sus gustos y aversiones, más caprichosos, pero no tan fácilmente satisfechos. Para poner un ejemplo diremos que a los niños modernos se les obliga a practicar juegos didácticos, y sin duda pronto se les hará escuchar las alabanzas de los millonarios que se transmiten por radio o aparecen en los periódicos. Pero los niños librados a sí mismos casi invariablemente inventan sus propios juegos, sus propios dramas, con frecuencia hasta inventan todo un reino o una república imaginarios. Dicho con otras palabras, crean; hasta que la oposición del monopolio mata su creación (...).

Los inventos han matado la invención. Las grandes máquinas modernas son como grandes cañones que dominan y aterrorizan toda una extensión de tierra y dentro de cuyo alcance nadie puede levantar la cabeza (...).

Dicho de otro modo, no hacemos que los hombres rindan el máximo. En verdad, no aprovechamos sus cualidades más individuales y más interesantes. Y es dudoso que lo hagamos alguna vez, hasta que acallemos ese estrépito ensordecedor de altavoces que ahoga sus voces, ese brillo mortal de la luz de los reflectores que les come el color de la tez, ese grito atronador de trivialidades que aturde y paraliza sus inteligencias. Todo esto mata los pensamientos al nacer, como un gran rayo blanco de muerte mataría las plantas al brotar. Por lo tanto, cuando la gente me dice que convertir una gran parte de Inglaterra en país rústico y hacer que viva de lo que produce significaría transformarla en un país inculto y absurdo, no estoy de acuerdo con ellos; y no creo que comprendan la alternativa ni el problema. Nadie quiere que todos los hombres sean rústicos ni aun en tiempos normales; es muy defendible que algunos de los más inteligentes se vuelvan a las ciudades incluso en tiempos de normalidad. Pero sostengo que en estos tiempos las ciudades mismas son las enemigas de la inteligencia, digo que los campesinos mismos tendrían más variedad y vivacidad de la que se fomenta en estas ciudades. Digo que solo impidiendo la entrada de este ruido y esta luz antinaturales puede el espíritu del hombre empezar a moverse nuevamente y a crecer. Así como esparcimos adoquines sobre suelos diferentes sin tener en cuenta las diferentes cosechas que ese suelo podría producir, así desparramamos programas de plutocracia insípida sobre las almas que Dios creó diferentes, y que sociedades más simples han hecho libres. Si por maquinaria que ahorra trabajo y, por lo tanto, produce ociosidad se entendiera la maquinaria que ahora logra lo que se llama producción en serie, no veo valor vital alguno en el ocio; porque no hay en ese ocio nada de libertad (...).

Por lo tanto, sobre este punto de compromiso inmediato con la maquinaria, me inclino a inferir que está muy bien usar las máquinas existentes en la medida en que originen una psicología que pueda despreciar las máquinas; pero no si crean una psicología que las respete. El automóvil Ford es un ejemplo excelente de esta cuestión, aún mejor que el otro ejemplo que he puesto del suministro de electricidad a pequeños talleres.

Si poseer un coche Ford significa regocijarse con el coche Ford, es bastante triste que no nos lleve más allá de Tooting o el regocijo por un tranvía de Tooting. Pero si poseer un coche Ford significa gozar de un campo de cereales o tréboles, en un paisaje nuevo y una atmósfera libre, puede ser el principio de muchas cosas. Puede ser, por ejemplo, el final del auto y el principio de una casita de campo. De modo que casi podríamos decir que el triunfo final del señor Ford no consiste en que el hombre suba al coche, sino en que su entusiasmo caiga fuera del coche. Que encuentre en alguna parte, en rincones remotos y campestres a los que normalmente no hubiera llegado, esa perfecta combinación y equilibrio de setos, árboles y praderas ante cuya presencia cualquier máquina moderna aparece de pronto como un absurdo, y aun como un absurdo anticuado. Probablemente ese hombre feliz, habiendo hallado el lugar de su verdadero hogar, procederá gozosamente a destrozar el auto con un gran martillo, dando por primera vez verdadero uso a sus pedazos de hierro y destinándolos a utensilios de cocina o herramientas de jardín. Eso es usar un instrumento científico en la forma que corresponde, porque es usarlo como instrumento. El hombre ha usado la maquinaria moderna para escapar de la sociedad moderna, y la inteligencia ensalza al instante la razón y rectitud de semejante conducta. No sucede lo mismo con los hermanos más débiles que no se contentan con confiar en el coche del señor Ford, sino que confían también en su doctrina.

UNA FILOSOFÍA AL
ALCANCE DE TODOS

XXXI

A nuestro parecer, una descripción general de la locura podría ser que consiste en preferir el símbolo a lo que este representa. El ejemplo más obvio es el maniático religioso, en quien la adoración del cristianismo implica precisamente la negación de todas las ideas de integridad y caridad que el cristianismo defiende. Pero hay otros ejemplos. El dinero, por ejemplo, es un símbolo; simboliza el vino, los caballos, la ropa elegante, las casas de lujo, las grandes ciudades del mundo y la quieta vivienda junto al río. El avaro es un loco porque prefiere el dinero a todas estas cosas; porque prefiere el símbolo a la realidad. Mas los libros son también un símbolo; representan la impresión que el hombre tiene de la existencia, y puede sostenerse al menos esto: que el hombre que ha llegado a preferir los libros a la vida es un maniático del mismo tipo que el avaro. Un libro es, sin duda, un objeto sagrado. En él están las mayores joyas encerradas en el cofre más pequeño. Pero eso no altera el hecho de que, cuando se valora más el cofre que las joyas, ha empezado la superstición. Este es el gran pecado de idolatría contra el que la religión nos ha advertido tanto. En el amanecer del mundo, los ídolos eran toscas figuras en forma de hombres o animales, pero en los siglos civilizados perduran en formas todavía más bajas que esas, en forma de libros, porcelana azul y tiestos viejos. Se ha escrito que los dioses del cristiano son el cuero, la porcelana y el peltre. La esencia de la idolatría es la misma. Existe idolatría donde quiera que aquello que en un principio nos proporcionaba felicidad haya pasado en último término a ser más importante que la felicidad misma. La ebriedad, por ejemplo, puede describirse razonablemente como una afición absorbente. Y la ebriedad, cuando se la comprende realmente, en su realidad interior y psicológica, es un ejemplo típico de idolatría. La intemperancia esencial comienza en el punto en que la forma incidental de placer que se deriva de un determinado artículo de consumo pasa a ser más importante que todo el vasto universo de placeres naturales, que en última instancia destruye. Omar Khayyam, a quien se considera por no sé qué razón inexplicable un poeta jovial y alentador, sintetiza este postrer y horrible efecto de la bebida en una estrofa de incomparable ingenio y vigor:

Y *por más que el vino ha hecho de infiel,*
y me ha robado mi vestimenta de honor...
Bueno, a menudo me pregunto qué compra
el vinatero
que valga la mitad de lo que vende.

El persa era un poeta de fantasía y fertilidad inmensas, pero ni toda la fuerza de su imaginación lograba evocar en su múltiple universo nada que hiciera sombra a los atractivos de una determinada sustancia roja que había sufrido cierta alteración química. Esto es idolatría: la preferencia del bien incidental sobre el bien eterno que este simboliza. Es el empleo de un ejemplo de la imperecedera bondad para confundir la validez de otros mil ejemplos. Es la elemental herejía matemática y moral que afirma que la parte es mayor que el todo. En este sentido, la bibliomanía puede convertirse en una especie de ebriedad. Hay cierto tipo de hombres que en realidad prefieren los libros a todo aquello con que se relacionan los libros, a los hermosos lugares, a los actos heroicos, a la experimentación, a la aventura, a la religión. Leen sobre estatuas semejantes a dioses, y no se avergüenzan de su propia dispersa y desmañada fealdad; estudian los testimonios de actos abiertos y magnánimos, y no se avergüenzan de sus propias vidas secretas y egocéntricas. Se han convertido en ciudadanos de un mundo irreal y, como el hindú en su paraíso, persiguen con lebreles de sombras a una gacela de sombras. Y por ahí va la locura. En el limbo de los avaros y los borrachos, que es el limbo de los idólatras, puede encontrarse a muchos catedráticos. Aquí, como en casi todos los problemas éticos, la dificultad se deriva mucho menos de la presencia de alguna inclinación viciosa que de la ausencia de algunas virtudes esenciales. Las posibilidades de desarreglo mental que acarrea la literatura no se deben tanto al amor a los libros como a una indiferencia hacia la vida y hacia el sentimiento y a todo aquello que registran los libros. En un Estado ideal, los caballeros que se encontrasen sumidos en abstrusos cálculos y descubrimientos deberían estar obligados, por ley de la república, a hablar durante tres cuartos de hora con un mozo de cuadra o una dueña de pensión, y a cruzar Hampsted Heath montados en un burro. Serían examinados por el Estado, pero no sobre el griego o las armaduras antiguas, que son sus placeres, y en los que se puede depositar tanta confianza como en los niños que juegan al trompo. Se les interrogaría sobre el *cockney* o sobre los colores distintivos de las diferentes líneas de autobuses. Se les purgaría de todas las tendencias que a veces han llevado de la sabiduría a la locura; se les enseñaría a convertirse en hombres del mundo, que es un paso para convertirse en hombres del Universo.

XXXII

Cosas tales como el nacimiento, la muerte y los sueños son a la vez tan impenetrables y tan provocativos, que pedir a los hombres que los dejen de lado, y que no forjen ni esperanzas ni teorías al respecto, es como pedirles que no miren un cometa o que no busquen la respuesta a un acertijo. En torno a estos acertijos elementales, la hipótesis humana ha circulado y seguirá circulando eternamente. Incluso en un imperio de ateos, el hombre muerto es siempre sagrado. La tumba, como un campo arado, produce cosecha tras cosecha de credos y mitologías. Si adoptamos la demasiado difundida tesis moderna de que la historia del hombre se inició con la publicación de la teoría de la evolución, podremos tratar toda esta tendencia como cosa supersticiosa. Pero si dedicamos una mirada larga y lúcida a la principal historia de la humanidad, ella nos conducirá a la conclusión de que no hay nada más natural que el sobrenaturalismo. Esta condición sagrada, como he dicho, es en todas partes el predicado del muerto.

Un hecho extraño y divertido es que incluso los materialistas, que creen que la muerte no hace otra cosa que transformar a un semejante en un desperdicio, solo empiezan a reverenciar a ese semejante precisamente desde el momento en que se transforma en desperdicio. Ahora bien, en un paralelo bastante riguroso, un paralelo contenido en el antiguo dicho griego sobre la muerte y su hermano, los hombres han llegado en general a esta conclusión: que por lo menos parte de la condición sagrada del muerto pertenece también al dormido. Y no le falta a esto un significado bastante real. El mayor acto de fe que puede cumplir un hombre es el que ejecutamos todas las noches. Abandonamos nuestra identidad, entregamos nuestra alma y nuestro cuerpo al caos y la antigua noche. Nos descreamos como si estuviéramos en el fin del mundo; para todos los fines prácticos nos convertimos en muertos, con la esperanza firme y cierta de una resurrección gloriosa. Después de eso es vano que nos llamemos pesimistas, con esa confianza en las leyes de la naturaleza, a las que dejamos mantener guardia armada y omnipotente junto a nuestra cuna. Es vano que afirmemos creer que el poder máximo es el mal, si cada doce horas más o menos devolvemos nuestra alma y nuestro cuerpo a Dios sin ninguna garantía. Esta es la santidad esencial del sueño, y la razón sensata y suficiente por la cual todas las tribus y todas las épocas han encontrado en él y en sus fenómenos una fuente de especulación religiosa. En este trance repentino y sorprendente que llamamos dormir, se nos transporta lejos, sin deseo ni voluntad nuestra, y se nos muestran prodigiosos paisajes, incidentes extraordinarios y fragmentos de historias descifrables a medias. En todos los tiempos, los hombres han fundado innumerables credos y especulaciones en torno a este hecho. Y puede decirse con una considerable dosis de confianza que habrían sido unos grandes necios si no hubieran procedido así (…).

La verdadera cuestión, me parece a mí, es que todo esto equivale simplemente a la conclusión de que en los sueños se revela una verdad elemental: que la esencia espiritual subyacente en una cosa es lo importante, y no su forma concreta. Las fuerzas espirituales, forasteras en el mundo, se disfrazan, nada más, bajo formas materiales. Una fuerza buena se disfraza de rosa en flor, una fuerza mala se disfraza de ataque de varicela (...).

Todo el tortuoso desarrollo de los sueños se representa con suficiente claridad diciendo que ángel y demonio han cambiado caretas o, para hablar con mayor exactitud, han cambiado cabezas. En un sueño amamos la pestilencia y detestamos el amanecer. En un sueño destrozamos los templos y adoramos el barro. La explicación global debe encontrarse en el concepto de que hay algo místico e indefinido tras todas las cosas que amamos y odiamos, y que eso nos hace amarlas u odiarlas. Los metafísicos de la Edad Media, que hablaban con mucho mejor criterio que el que hoy en día se les reconoce, tenían la teoría de que todo objeto constaba de dos partes: sus accidentes y su sustancia (...).

Los doctores medievales, por cierto, aplicaban este principio más férreamente a la idea de la Transustanciación, sosteniendo que una cosa podía ser en sus accidentes pan, mientras en su sustancia era divina.

XXXIII

La opinión universal, o casi universal, de nuestros días es que el más imperdonable de los pecados es ser un pelmazo. Es un profundo error. Si ha de usarse esta horrible fraseología, puede decirse con toda certeza que el pecado imperdonable es aburrirse. El aburrimiento es, sin duda, el gran pecado, culpable de que todo el universo tienda continuamente a ser infravalorado y a desvanecerse de la imaginación. Pero eso es una cualidad de la persona que lo siente, no de la persona que lo provoca (...). La persona que produce el aburrimiento puede ser en términos generales un pelmazo, o puede ser lo contrario. Puede haber estado explicando algo lleno de desenfrenado interés o de cautivador humorismo. Dickens sería un pelmazo describiendo satíricamente la Oficina de Circunlocución, si la sátira estuviese dirigida a un árabe del Sudán. Gus Elen —ese gran filósofo— sería un pelmazo si imitara hasta la última entonación y el último gesto de un obrero de los arrabales de Londres ante un ermitaño del Tíbet. En idéntica forma, puede haber mucho de interesante en el hombre que acaba de desenfundar el romance de las máquinas de coser o la poesía sin par del alimento para ganado ante nuestros toscos oídos bárbaros. Puede que nosotros hayamos exhibido simplemente la estúpida compostura del salvaje en presencia del drama en verdad apasionante de la demanda judicial que su tía política entabló a los depositarios de la herencia en relación con el testamento de su bisabuelo. La culpa del aburrimiento, si es que hay culpa, es nuestra. El tema no es aburrido: no existe en el mundo cosa que merezca tal nombre. El simple hecho de que él, nuestro interlocutor —una persona que por todas las apariencias es muchísimo más estúpida que nosotros—, haya descubierto el secreto y captado el encanto de ese tema, es demostración suficiente de que el asunto no es eterna o necesariamente una lata (...).

El pesimismo, que es, por supuesto, en su mayor parte producto de las clases adineradas y ociosas en casi todos los casos, significa esencialmente que el ocioso no es capaz de entender que los minuciosos y exactos detalles que no le interesan puedan llegar a interesar a otra gente. Porque a ellos no les interesan las fluctuaciones del cuero o las menudencias de la fotografía de aficionados, se imaginan que eso debe aburrir a los que hablan de ellas. En su concepto, un tema es latoso en cuanto absorbe a un hombre y cierra sus ojos a otros asuntos. Esto es efectivo en cierto sentido social, pero en su significación psicológica última es todo lo contrario de la verdad, porque la absorción del hombre por un tema, con exclusión de otros, no demuestra lo tedioso de aquel, sino lo fascinante que es. Porque un hombre se niega a salir del Paraíso, suponen que está encerrado en una cárcel (…).

La verdad es, seguramente, que es perfectamente permisible y perfectamente natural aburrirse con un tema, así como es perfectamente permisible y perfectamente natural que lo tire a uno un caballo, o que pierda el tren o que busque la solución del misterio al final del libro. Pero eso no es un triunfo: si algún nombre puede dársele, es derrota. No tenemos, ciertamente, ningún derecho para suponer de buenas a primeras que la culpa es del caballo o del tema. Una ilustración práctica de esto se puede encontrar, por ejemplo, en esa revolución contra la familia que se está desarrollando en casi todas partes en este momento: en los innumerables millones de genios y temperamentos excepcionales que están renunciando a los lazos de la familia porque la suya no los comprende, o porque los aburre. En algunos casos aislados es seguro que tengan razón; en casi todos es concebible que la tengan. No obstante, en el fondo de todo, uno tiene la oscura y profunda convicción de que estas secesiones se reducirían a casi cero si por un solo instante los separatistas consideran el aburrimiento como un fracaso de su parte antes que un fracaso de parte de sus familias (…).

Que nadie se engañe con la ilusión de que abandona a su familia en pos del arte o de la ciencia: la deja porque está huyendo de la abrumadora ciencia de la humanidad y del imposible arte de la vida. Puede que tenga razón, pero no puede decirse que se retiró porque la señora Pérez no era comprensiva, o porque el tío Ismael era un pelma, o porque la tía María no lo entendía. Debe decirse que, muy perdonablemente, él no alcanzó a captar la exquisita fragancia del carácter de la señora Pérez; que, muy perdonablemente, no descubrió los tenues pero delicados colores del alma del tío Ismael; que, muy perdonablemente, no comprendió a la tía María. Aburrirse es el pecado, no aburrir. A causa de la debilidad del género humano, podemos permitir a los hombres revoluciones y emancipaciones y rupturas de cadenas. Pero el hombre fuerte, el ideal, se interesaría en cualquier círculo en que, por el curso de los hechos, llegara a caer. El héroe ha de ser una persona muy domesticada. El superhombre ha de sentarse a los pies de su abuela.

XXXIV

Nunca he podido comprender por qué aquellos que dan en no creer en el cristianismo no retroceden a la grande, saludable y permanente tradición humana fuera del cristianismo. El que uno no pueda elevarse hasta la fe no significa necesariamente que haya de hundirse en la filosofía natural. Si yo no depositara mi fe en el Evangelio, tampoco la depositaría en Haeckel. La depositaría en el sastrecillo matador de gigantes. La depositaría en estas historias humanas perdurables, con su ponderación de la esperanza, la sorpresa, el valor, el cumplimiento de las promesas y las relaciones naturales de la humanidad. El punto está fuera de mi actual propósito, y no seguiré aquí con él, pero me imagino que es uno de los testimonios extraños del cristianismo el que sus opositores no se libren lisa y llanamente de él para introducirse en la condición humana original, sino que enloquecen con la mera reacción y la anarquía. Quienes objetan la fe objetan a menudo las fábulas humanas; aquellos a quienes les desagrada el cristianismo llevan su absurdo hasta el extremo de que les disgusta también el paganismo. La esencia del país de las hadas es esta: que es un estado cuyas leyes ignoramos. Esta es igualmente una peculiaridad del mundo en que vivimos. No sabemos nada sobre las leyes de la naturaleza; ni siquiera si son leyes. Todo cuanto podemos hacer es aceptar primero por fe —recibiéndolo de nuestros padres, tías y niñeras— y después por muy débil experimentación —durante el periodo miserablemente insuficiente que va desde los tres a los diez años— el principio general de que hay una suerte de extraña relación, muchas veces repetida pero todavía no explicada, entre encender pólvora y una fuerte explosión.

Y es aquí donde podemos percibir la filosofía profunda y sabia del cuento de hadas. El químico dice: «Mezcle estas tres sustancias y vendrá la explosión». El buen mago del cuento de hadas dice: «Cómete estas tres manzanas y al gigante se le caerá la cabeza». Pero el químico habla en un estilo y un tono particulares, que sugieren que hay una filosofía abstracta, una especie de inevitable relación entre las tres sustancias y la explosión. A veces la llama *necesidad*, que es el nombre de lo que no puede quebrantarse.

A veces la llama *ley*, que es el nombre de lo que puede quebrantarse. Pero en todo caso, da a entender que la mente ve una relación entre las dos cosas —tal como la mente ve una relación entre cuatro y ocho—, y la mente no hace nada que se le parezca. El sistema del cuento de hadas es mucho más filosófico. El mago dice: «Haz esta sola cosa extraordinaria y sobrevendrá esa otra cosa extraordinaria totalmente diferente. Yo no sé por qué pasa;

ni siquiera sé que siempre vaya a pasar. Pero es un dato que vale la pena conocer cuando se pretende matar a un gigante». Nosotros no sabemos que estas repeticiones naturales de que estamos rodeados son leyes; ni sabemos que sean necesidades. Lo que sí sabemos de ellas es que son fórmulas mágicas, es decir, condiciones que existen, pero cuya naturaleza es enteramente física. El agua está encantada, y por eso corre siempre hacia abajo. Los pájaros están encantados, y por eso vuelan. El sol está encantado, y por eso brilla.

PROCEDENCIA DE LOS TEXTOS

Por qué soy católico, El Buey Mudo, 9ª ed., 2023, pp. 51-52.

Ibidem, 59-63.

Ibidem, 113-119.

Ibidem, 139-140.

Ibidem, 142.

Ibidem, 144-167.

Ibidem, 175.

Ibidem, 196.

Ibidem, 203-205.

Ibidem, 206-212.

Ibidem, 295-301.

Ibidem, 365-368.

Ibidem, 390-391.

Ibidem, 479-482.

Ibidem, 512-514.

Ibidem, 567-570.

Ibidem, 594-597.

Ibidem, 609-611.

Ibidem, 615-616.

La Nueva Jerusalén, Ediciones More, 2018, pp. 33-59.
   Ibidem, 495-500.

La utopía capitalista y otros ensayos, Ediciones Palabra, 2013, pp. 37-41.
   Ibidem, 44-45.
   Ibidem, 47-50.

Los límites de la cordura, El Buey Mudo, 2010, pp. 17-22.
   Ibidem, 65-67.
   Ibidem, 75-78.
   Ibidem, 140-141.
   Ibidem, 148-183.

Para ser buen periodista (CEU Ediciones).

Los libros y la locura, El Buey Mudo, 2010, pp. 11-14.
   Ibidem, 29-33.
   Ibidem, 53-57.
   Ibidem, 96-98.